초원에서 무지개를 보다

금희연 · 서동주 · 김기선 · 김장구
바트투르 · 김홍진 · 허만호 · 사인빌렉트 공저

도서출판 그린

초원에서 무지개를 보다

초판인쇄　2012년 2월 17일
초판발행　2012년 2월 20일
저자　금희연 · 서동주 · 김기선 · 김장구
바트투르 · 김홍진 · 허만호 · 사인빌렉트
발행처　도서출판 그린
발행인　윤덕우
출판등록　제8-161호

주소　서울시 서대문구 연희동 219-20호
전화　(02)333-2574, 333-2575
팩스　(02)333-2561
E-mail　greenpress@greenpress.co.kr
Home page　www.greenpress.co.kr

ISBN : 978-89-5727-164-3 (93380)
정가 14,000원

머리말

나의 몽골과의 인연은 1999년 여름 몽골에 첫발을 디딘 때로부터 시작한다. 그때부터 매년을 학교 해외봉사단원을 이끌고 몽골을 찾았으니 벌써 다녀 온 것만도 열 두차례가 된다. 울란바타르에서 360킬로미터 떨어진 아마르바야스깔랑에서 길게는 열흘씩 현지의 유목민들과 함께 사는 이른바 체험과 봉사를 함께하는 프로그램을 진행해왔다. 초원과 말, 손을 뻗으면 딸 수 있을 것만 같은 밤하늘의 쏟아지는 별보다도 나의 관심을 끈 것은 불과 20여년 만에 급속한 민주주의와 시장경제체제로의 체제전환에 성공한 칭기스칸의 후예들인 몽골의 민주화였다. 피한방울 흘리지 않고 혁명과 개혁에 성공한 몽골은 특히 비교정치와 국제관계를 전공하는 나와 같은 학자들은 물론 사회학, 경제학 등 다양한 분야의 학자들의 관심을 끌기에 충분한 연구대상이 되었다. 평화로운 정권교체를 이룩한 몽골의 역동적인 모습에서 700여년 전 몽골제국의 기운과 역동성을 다시 본 것이다.

세계를 호령한 대제국에서 공산주의 위성국으로, 그리고 다시 자유민주주의 국가로 변모하고 있는 몽골은 적은 인구와 낮은 경제수준에도 불구하고 국가의 안보와 발전, 성장과 안정을 위해 독자적이고 자주적인 정책을 추진하고 있다. 중국과 러시아의 높은 의존에서 탈피하기위해 새로운 '제3의 이웃정책'을 추진하고 있는 몽골에게 미국, 일본, 유럽과 함께 한국은 새로운 파트너로 떠 오르고 있다. 역사적 측면에서나 문화적 측면에서, 그리고 언어나 유전적인 부분에 있어서도 몽골과 한국은 너무나 많은 부분을 공유하고 있다.

몽골을 단지 고려를 침략한 정복자의 이미지로만 기억하고 있는 사람이든 몽골을 모르는 사람이든 우리는 태어나면서 '몽골'이라는 단어를 몸에 지니고 산다. 바로 '몽고반점蒙古斑點', 영어로는 'Mongolian Spot'이다. 유아의 엉치뼈부나 등의 아래쪽 피부에 나타내는 멜라닌 색소세포 침착에 의해 생기는 짙고 푸른 색의 반점을 의미한다. 유럽인종에게는 전혀 나타나지 않는 이 특이한 의학적, 생물학적 특징은 한국인의 90%에서 나타난다. 한국인도 몽골계의 하나라는 증거가 틀림없다.

몽골의 지배와 간섭을 받으면서 몽골의 풍속인 '몽고풍'이 유행병처럼 퍼져나갔다. 변발과 호복, 족두리와 귀걸이, 도투락댕기, 은장도, 연지와 같은 복식에서 만두와 같은 음식은 물론

'양아치'나 '갓바치'와 같이 '치'로 끝나는 말이나 임금의 진지상인 수라도 모두 몽골의 영향을 받은 것으로 알려져 있다. 제주도 말이라 알고 있는 우리말 '조랑말'도 몽골어로 '작다'라는 '조락'과 '말'이라는 '멀'이 합쳐진 '조락멀'에서 온 것임을 아는 사람은 그리 많지 않다.

'한류'의 원류라 할 수 있는 '고려양'도 몽골의 지배층에게 신선한 이문화였던 것이 분명하다. 인적, 물적 교류의 폭과 범위가 급속히 확대되면서 우리네 문화와 습속도 몽골로 전파되었다. '고려병高麗餠'이라 불리던 상추쌈과 밀전병이 지금 울란바타르의 한국식당에서 인기를 얻고 있는 것을 보면 역사는 전파와 수용이라는 두 가지 상대성을 잊지 않고 기억해준다.

이 책은 역사책 속에 묻혀 있던 한국과 몽골간의 '관계'와 '소통'에 관한 이야기를 풀어내려는 책이다. 13세기에 처음 조우했던 한국과 몽골이 700여년이 지난 1990년에 다시 만난다. 지배와 복종이 아닌 대등한 관계에서 친구이자 동반자의 모습으로 해후한다. 700년의 과거 속에 존재했던 한국과 몽골간의 소통이 이제 더욱 새로운 미래지향적인 파트너십의 모습으로 그 상호의존성을 키워나가고 있다.

불과 20여년의 짧은 기간 동안 민주화와 시장경제체제로의 이행이라는 과감하고 급속한 개혁과 개방의 길로 들어선 몽골 또한 해결해야 할 과제가 하나 둘이 아니다. 아시아뿐만 아니라 아프리카, 라틴아메리카 등지의 신흥독립국이나 개발도상국들이 직면했던 문제들은 민주주의와 시장경제를 동시에 달성하는 것이었지만 이는 쉽게 풀어지지 않는 난제들이었다. 빈부격차, 부패, 행정과 정책의 비효율성, 높은 해외의존도, 분절된 사회조직, 질시와 불신, 계층간의 갈등 등을 해결하지 못하고 여전히 저개발 국가로 남아 있는 나라들이 부지기수이다.

이런 면에서 보면 동아시아의 '네 마리의 작은 용' 또는 '네 마리의 호랑이들'이라 불리는 대만, 싱가포르, 홍콩과 한국의 성공담은 몽골에게 솔깃하게 들릴 수 있다. 높은 교육열과 발전과 성장에 대한 국민적 합의, 지도자의 열성과 안정된 정치, 시장화와 개방화, 국제화 등과 같은 성공비결은 지금의 몽골에서도 찾아볼 수 있다. 광대한 면적에 적은 인구, 분산된 행정조직과 대륙 속에 갇힌 지리적 취약성에도 불구하고 몽골은 풍부한 자원, 전략적 및 지경학적 장점과 더불어 정치적 안정과 정부에 대한 신뢰와 주변국가들과의 유대관계 등은 긍정적 요소로 작용하고도 남음이 있다.

이 책의 또 다른 의의는 바로 여기에 있다. 몽골과 몽골인들이 이 책을 통해 몽골과 한국의 관계나 교류만이 아니라 역사와 전통, 문화와 인식 속에서 공유되었던 한국의 과거, 현재, 미래에서 또 다른 만남과 소통의 가능성을 찾아볼 수 있으면 한다. 이 책을 통해 한국이 과연 몽골과 어떠한 관계 속에서 존재해왔고, 또 존재하고 있는 가를 알아보고, 앞으로 몽골의 성장과 발전에 필요한 경험과 관계의 모습을 한국에서 찾을 수 있기를 기대한다. 빛나는 성공과 발전 뒤에는 좌절과 실망, 그리고 희생과 아픔이 숨겨져 있다. 현명한 몽골인들은 우리의 전철을 밟지 않으면 좋겠다.

이 책은 또한 국내의 저명한 몽골 전문가, 국제정치와 국제관계 전문가들이 몽골의 가치와 중요성을 전략, 정치외교, 경제, 역사, 문화의 틀 속에서 찾아 한국과 몽골간의 관계와 소통의 의미를 쉽게 풀어쓰기 한 책이다. 국가안보전략연구소의 서동주 박사는 몽골을 지정학적 가치와 전략적 중요성이라는 시각에서 분석한다. 단국대학교의 김기선 교수는 몽골과 한국의 문화적 교류사를 설명하고 있고, 동국대학교 김장구 교수는 몽골의 전통과 문명사적 의미에서의 몽골의 역사를 분석하고 있다. 순천향대학교의 김홍진 교수는 몽골이야말로 한국이 무시할 수도, 또 소홀히 할 수도 없는 새로운 경제적 역동성을 협력과 교류의 파트너로서의 몽골을 살펴본다. 경북대학교 정치외교학과 허만호 교수는 몽골제국에서 지금까지 이르는 몽골의 정치를 민주화와 체제변혁과정을 민족혁명, 인민혁명, 민주화혁명의 세 단계를 통해 설명하고 있다.

한국의 몽골연구자들의 시각에서만 양국관계를 조명함으로 야기될 수 있는 인식적 편협성을 지양하기 위해 두 명의 몽골학자의 글을 싣는다. 몽골에서 한국통으로 알려져 있는 두 명의 교수들은 각각 한국과 한국인은 몽골과 몽골의 눈에 어떻게 비치는 가를 몽골의 세계관과 대외인식을 통해, 그리고 개인적이면서도 객관성을 담보할 수 있는 몽골인의 대한국관을 그려내고 있다. 몽골국립대학교의 바트투르 교수는 몽골의 대외인식과 세계관의 형성에 영향을 미친 중요한 요소들로서 유목생활이라는 문화적 측면과 세계제국의 건설이라는 공간적 측면을 강조한다. 몽골국립대학교 한국어학과 사인빌렉트 교수는 몽골인의 눈에 비친 한국인의 이미지를 인식과 감정이라는 요소로서 풀어낸다.

이 책은 수 세기 동안 잊혀진 나라에서 새로운 동반자의 모습으로 다시 우리 앞에 나타난 몽골을 여전히 낯선 나라로 알고 있는 독자들과 아팠던 역사만을 기억하고 있는 독자들을 위해 쓴 몽골소개서이다. 이 책을 통해 몽골이 더욱 가깝게 다가와 몽골과 한국이 공유했던 역사적, 문화적 경험과 관계의 의미들을 되새김하는 데 도움이 되었으면 하는 바램이다.

나의 몽골사랑은 해를 더 할수록 커진다. 서울시립대학교에 몽골연구센터가 생기게 되었고 익명의 후원자들의 관심과 지원으로 매년 수 차례 한국에서 공부하고 있는 대학원생들이 자유롭게 논문을 발표하고 자유롭게 토론할 수 있는 '재한몽골인유학생 연구회'를 지난해 발족시켰다. 더 많은 몽골의 젊은이들이 한국의 문화와 전통, 그리고 역사를 이해할 수 있는 현장견학 프로그램도 시작해 이미 울산의 현대자동차를 견학하기도 했다. 오는 길에 들린 천년고도 경주와 불국사를 본 몽골학생들은 동전 뒷면에 새겨진 다보탑에 환호를 불렀다. 더 많은 몽골의 젊은이들이 미래의 한몽관계를 이끌고 나갈 주역이 될 것으로 믿는다. 또한 이 책을 통해 더 많은 한국의 독자들이 몽골을 이해하고 사랑하게 되었으면 한다.

끝으로 짧은 기간에 좋은 글을 써주신 집필진에게 감사를 드리며 언제나 나의 책은 무조건 출판해주시는 그린출판사의 윤덕우 사장님이 고마울 따름이다. 번역과 교정을, 그야말로 몽골기마병의 속도로 끝마쳐 준 서울시립대학교 대학원 볼로르토야 양과 아리운게렐 양의 도움에 미안함과 고마움을 함께 느낀다.

2012년 2월

서울시립대학교 몽골센터에서 **금희연**

차례

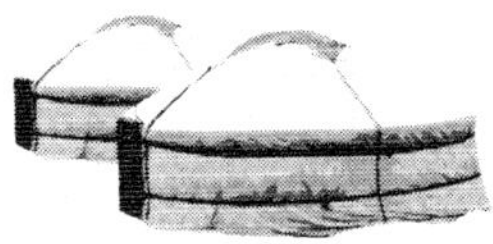

1장
시작하는 글

금희연 (서울시립대학교)

제국의 탄생

지금으로부터 850년전인 1162년 지금의 몽골과 시베리아 접경지역에서 한 아이가 태어났다. 테무진이라 불리는 이 아이는 27세 되던 해인 1189년에 위대한 지도자인 칸이 된다. 그로부터 17년후인 1206년에는 100 만 명의 인구를 거느린 새로운 나라를 건국했다. 바로 칭기스칸이 세운 '예케 몽골 울루스Yeke Mongyol ulus', 즉 '큰 나라 몽골大蒙古國'이란 거대한 제국의 씨앗이 뿌려진 것이다. 1210년 6만5천의 몽골의 기마병은 여진이 세운 금을 치고 중화제국의 중심이었던 베이징을 손에 넣는다. 파죽지세의 몽골의 기마병들은 육포와 치즈, '아이락'이라는 마유주로만 버티면서 대제국의 영토와 세력을 넓혀갔다. 몽골의 정복전쟁은 서하, 금, 서요를 잇따라 점령하였고, 중앙아시아는 물론 서아시아, 남러시아에 이르는 대제국이 차례로 기마병의 발굽에 쓰러졌다. 에드워드 기번Edward Gibbon은 로마제국쇠망사에서 '칭기스칸과 후손들이 세계를 뒤흔들자마자 술탄들이 넘어졌고, 칼리파들이 쓰러졌고 시저들은 왕좌에서 내려와 숨을 곳을 찾았다'라고 적고 있다. 무서운 속도와 힘은 대제국을 건설하는 기반이기도 했지만 점령국에게는 죽음과 두려움의 원천이기도 했다.

초원에서의 삶이 그리 녹녹치는 않았지만 건조한 기후에 나무라고는 제대로 자라지도 않고 초지만 가득한 땅은 양과 말을 키우는 데는 최적의 땅이었다. 가축들은 고기와 우유, 치즈와 가죽, 모피를 제공함은 물론 혹한의 겨울에는 땔감이 되어 주었다. 또한 말은 기동성, 그 자체였다. 사냥과 훈련, 그리고 가장 유용한 운송수단이었고 말젖을 발효시켜 만든 아이락이라는 마유주는 알콜의 공급원이었다.

유목민이었던 몽골인들은 정부라는 중앙집권적인 정치적, 사회적 구조를 가지지 못하고 살았다. 각 부족들은 족장들이 통치하고 있었고 이들의 주요한 임무라고 해야 분쟁을 조정하고 해결해주거나 전시에 명령을 내리는 정도였다. 칭기스칸의 군대이자 몽골의 기마병은 당시 가장 효율적이고 용맹한 전사들의 집합체였다. 군대의 힘과 전력은 바로 기동성과 민첩성에서 나왔다. 고강도의 훈련과 엄격한 기율, 정교하면서 위력적인 무기와 장비도 몽골군의 군사력의 원천이었던 것이다. 여기에 어려서부터 몸에 밴 승마는 전사들을 더욱 용맹한 기마병으로 거듭나게 해주었을 뿐만 아니라 마상무술과 궁술은 가공할만한 전투력이 되었다. 해마다 부족대항의 사냥대회는 게임이자 축제의 하나였지만 사실은 군사훈련의 하나로 진행되었고 부대단위로 경쟁했다는 기록이 전해지기도 한다.

몽골의 점령지 정책은 가혹감과 아량이라는 양면성을 보였다. 항복하고 복종하는 자에게는 아량을 베풀고 자신들의 종교까지도 존속시켜주었지만 대항하거나 도전하는 자들에게는 자비를 베풀지 않았다. 자신에게 항거하는 것은 곧 하늘에 대한 반항으로 여겼기 때문이다.

제국의 붕괴와 좌절

칭기스칸 사후 몽골제국은 그의 셋째 아들인 우구데이시대에 들어와 더욱 확장된다. 카라코룸을 수도로 정한 그는 중국의 북쪽에 있던 금을 멸망시켰다. 칭기스칸의 손자였던 쿠빌라이는 수도를 베이징으로 옮기고 남송을 완전히 멸망시킨후 원을 건국했다.

서쪽으로는 칭기스칸의 또 다른 손자인 바투의 지휘와 통솔아래 러시아지역으로 진격했고 유럽의 일부지역까지 포함하는 지역을 복속시켰다. 15세기까지 지속된 바투의 세력과 영향력은 몽골의 군대는 동유럽지역에서 '황금군단Golden Horde'으로 더욱 잘 알려져 있다. 쿠빌라이 칸은 1279년 '원'을 건국했다. 1368년 명이 다시 베이징을 차지하기까지 89년간 동아시아와 중앙아시아, 유럽의 동부와 러시아는 몽골의 지배에 놓이게 되었다. 몽골의 세계재패의 꿈이 좌절된 것은 해양세력이었던 일본을 침략하려했던 것이다. 유라시아 전역을 손에 넣은 몽골은 전투마다 승리했지만 유독 일본, 안남, 미얀마, 이집트는 끝까지 손에 넣지 못했다.

쿠빌라이가 일본을 '손보려'했던 이유는 단순하다. 일본이 몽골의 지배권을 인정하려하지 않았던 '무례함'때문이었다. 당시 일본은 안정적인 무인정권이 장악하고 있는 정치상황이 지속되고 있었고 대륙이 아닌 바다를 건너서 치러지는 전쟁이었기 때문에 절대적으로 유리한 상황이었다. 두 차례에 걸친 원정이 실패함으로 몽골은 영원히 일본을 '신하국'으로 복속시키지도 못했고 감히 싸우려는 자에게 보였던 '무자비함과 가혹함'도 없었다. 오히려 일본인들에게 몽골의 침략에서 지켜준 것은 '신성한 바람神風, 카미카제'덕분이었다고 믿게 해주고 말았다.

절대권력과 영화는 오래가지 못했다. 14세기 중엽 동아시아에서의 정치체제의 축이 소용돌이치면서 바뀐다. 새로운 제국인 명이 흥기하게 되고 원의 마지막 황제인 테무르순제는 1368년 몽골의 초원으로 쫓겨가듯 돌아간다. 한 번 몰락한 왕조가 재기한 적이 없고 사라진 나라의 역사가 제대로 쓰여진 적도 없다. 역사는 승자의 기록이다. 명 또한 곧 또 다른 이민족의 하나인 만주족 청에 의해 몰락하고 몽골의 세력권이었던 제국의 북쪽에는 새로운 러시아제국이 등장하면서 몽골인들의 제국중건은 한 갓 꿈으로 남게 되었다. 이때부터 몽골은 가혹한 국제정치와 새로운 제국주의의 희생으로 전락한다. 동아시아의 새로운 신흥맹주인 만주족은 자신의 전임자였던 몽골제국의 팽창주의적 정책을 답습한다. 1636년에는 내몽고, 1691년에는 외몽고, 1758년에는 서몽고를 병합하여 대청제국의 영토로 복속한다. 1689년에는 바이칼호 동쪽의 부리야트 몽골이 러시아의 영토에 편입됨으로서 거대한 몽골의 영화는 제국주의 역사 속에서만 존재하게 되었다.

청조를 멸망시킨 1911년의 신해혁명이 일어나자 잠시나마 독립국으로 거듭날 절호의 기회가 생겼다. 하지만 곧 신생국 중화민국과 러시아는 독립이라는 여망과 민족의 통합을 쉽게 허락하지 않았다. '분할통치divide and rule'가 가장 효율적이고 용이한 이민족지배라는 국제정치의 기본적 원칙이 몽골에 적용된 것이다.

1921년 몽골은 아시아에서 가장 먼저 공산주의를 국가이념으로 채택하고 소련의 위성국으로 편입된다. 700 여년간의 전통과 역사와 문화는 역사 속으로 묻히고 러시아식의 정치구조와 경제체제가 근대화를 주도한다. 몽골이 점령국에 가했던 가혹함은 배가되어 돌아왔다. 스탈린의 공포정치시기 수많은 정치가와 군인, 지식인과 승려들이 숙청당했고 자신들의 고유문자인 '비칙'이 폐기되고 낯선 키릴문자가 강제로 보급된다. 새로운 형태의 식민지인 '소련의 위성국'이 된 것이다.

1989년 몽골의 수도 울란바타르. 수흐바타르 광장에 모인 젊은 청년들은 새로운 몽골을 건설하려는 민중운동을 일으킨다. '새로운 세상으로의 변화'를 의미하는 쇄신운동 '우르칠렁 신칠렐Өөрчлөн шинэчлэл, Oorchlon Shinechlel'은 70여년간 지속되어왔던 공산당집권체제를 종식시킴과 동시에 민주화운동의 새로운 불씨를 지폈다. 흥미롭게도 아시아에서 가장 먼저 사회주의국가가 된 몽골은 아시아에서 가장 먼저 탈 공산주의를 시도한다. 혁명도 반란도, 급격한 체제의 붕괴위험도 없이 몽골은 평화적인 정권교체를 통한 민주화에 성공한다. 20여년의 짧은 기간 동안 몽골은 대통령 선거를 다섯 번, 국회의원을 뽑는 총선을 여섯 번이나 치렀다. 대륙의 섬, 육지의 섬이라 불리던 몽골이 국제사회의 주목을 받기 시작하는 계기가 된 것이다.

700년만의 해후

우리에게는 '몽고'라는 나라로 더 친숙하고 익숙한 몽골은 이미 중국의 고서인 '구당서舊唐書'와 '거란국지契丹國志'에 '영원한 불永恒之火'라는 의미를 지니는 나라로 기재 되어있다. 별칭으로는 '말 잔등을 타는 민족馬背民族'으로 불리기도 했다. 그러나 몽골의 한자식 국호에는 비애가 숨겨져 있다. '몽고, 蒙古'라는 말에는 '어리석고 낡다'는 의미가 내포되어 있다. 중국인들은 몽고를 또 하나의 한자어 표현인 '맹고, 萌古'라는 단어로 표기했다. 유교의 교리인 '효제충신 예의염치孝悌忠信 禮義廉恥'를 모르고 '공맹'의 도를 아직 제대로 이해하지 못하는 북방오랑캐인 '적, 狄'의 한 무리로 여기는 중화중심의 세계관이 엿보인다. 동아시아를 천자의 나라로 만들어 인과 덕을 펼치려던 중국이 변방에서 말을 키우고 양과 염소의 젖을 먹던 흉노의 후예들에게 중원을 내어준 것도 역사는 한 곳으로만 흐르지 않음을 보여주는 흥미로운 대목이다.

6차에 걸친 몽골의 한반도 침입은 우리에게 많은 것을 남겼다. 항몽운동이 종식되자 고려의 지배층은 점점 더 강한 대몽

의존적 태도를 보이게 되었고 체제와 정치구조, 관제, 의전이 모두 몽골식으로 바뀌었다. 수 천년간 중국중심의 동아시아국제질서가 몽골이 주도하는 새로운 국제질서로 재편되면서 동아시아의 약소국들은 조공이라는 특수한 상호의존의 관계에서 일방적인 지배와 복종의 구조속으로 편입되어 갔다. 탕구트인의 서하가 멸망하고, 여진족이 세운 금나라가 망하고, 한족이 세운 남송이 멸망하면서 동아시아는 기마민족이자 유목민이 세운 원제국의 지배하게 들어가게 된다.

'소중화'임을 자처하고 공자와 맹자의 사상적 후계자로 자인하고 있던 고려는 '오랑캐'로 여겼던 몽골의 지배를 받아들이기 쉽지 않았다. 사상적, 철학적 혼란은 차치하고서라도 유교질서를 숭상하지 않던 이민족에게 충성을 보이는 것이 치욕처럼 생각되었을지도 모른다. 업신여김과 배척, 무시와 비하에 대한 댓가는 생각보다 가혹했고 혹독했다. 몽골의 침입은 동아시아의 새로운 맹주가 한족이 아닌 몽골임을 일깨워주는 값비싼 교훈이었지만 상당한 시간이 걸리고 나서야 우리는 겨우 이를 인식하게 되었다.

'사람은 크면 서울로 보내고 말은 크면 제주도로 보내라'는 말이 있지만 이제 말은 더 이상 제주도로 가지 않지만 몽골인들이 서울로 향하고 있다. 한국과 몽골이 새로운 역사를 전개하고 있다. 1990년 수교 이래 다방면에서 엄청난 교류가 일어나고 있다. 양국의 정상들이 수시로 방문했고 35,000명의 몽골인이 한국에서 거주하고 있고 유학생만도 3천명이 넘어 중국과 베트남에 이어 세 번째를 기록하고 있다. 몽골에 대한 세계의 관심도 집중되고 있다. 미국, 러시아, 중국, 일본의 4대강국의 최고지도자들이 몽골을 방문했고 몽골의 전략적 가치와 경제적 가치를 선점하기 위해 불꽃 튀는 경쟁을 하고 있다. 몽골은 느긋하기만 하다. 과거의 몽골이 외향적 확대를 통해 국익과 세력을 확대했다면 오늘날의 몽골은 외부의 자원과 기술을 끌어들여 자신의 부와 발언권을 강화하려는 내향성 전략을 추진하고 있다.

'제3의 이웃 정책Third Neighbor Policy'이라는 새로운 생존전략을 기조로 하는 대외전략은 몽골로 하여금 러시아와 중국이라는 거대한 이웃에 대한 의존도를 감소시켜 자주적이고 균형적인 외교를 추진하려하고 있다. 미국, 일본, 유럽, 한국이 여기에 속한다. 우리에겐 더 없이 좋은 기회다. 이미 '21세기 고려양'이라 할 수 있는 '한류'가 몽골인의 의식과 감성을 자극하고 있고, '솔롱고스무지개'라 불리는 한국은 몽골인에게 '코리언 드림'을 이루는 희망의 땅으로 여겨지고 있다. 한국의 역동적인 모습에서 몽골인들은 무엇을 찾으려하고, 한국은 몽골에서 무엇을 얻으려 할까? 새로운 시대에 새로운 동반자가 된 양국은 전개될 미래의 한몽시대를 위한 도약을 준비해야 한다. 700여년 만에 다시 만난 양국이 과거의 불평등한 관계에서 벗어나고 수교직후의 비

대칭적인 관계에서 벗어나 공동번영을 위한 반려자로서의 새로운 관계를 정립하기 위한 비전이 필요하다. 공동번영이라는 절대명제 속에서 신뢰를 바탕으로하는 지혜를 모아야 할 때다.

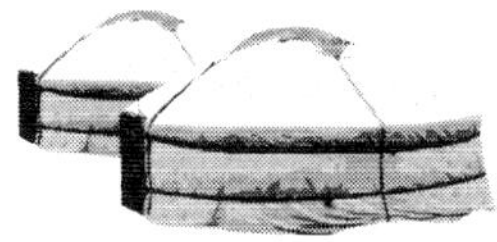

2장 몽골이 다시 달린다: 몽골이 보는 세계, 아시아, 한국

서동주 (국가안보전략연구소)

한반도와 몽골: 반도와 육지의 섬

인터넷 시대에 세계지도는 어떻게 볼까? 시대가 좋아져 이제는 컴퓨터에서 바로 지구를 띄어놓고 살펴볼 수 있게 되었다. 구글사에서 제공하는 구글어스earth.google.com를 이용해 보자. 우주

공간에서 울란바타르의 수흐바타르 광장, 바얀골 거리까지 생생하게 여행할 수 있다. 마우스를 클릭하면 파란 빛을 띤 지구가 세계지도를 보여주며 다가온다. 저편 우주에서 지구의 동아시아, 유라시아지역을 당겨보자. 입체 모양을 띤 몽골과 한반도가 더욱 선명하게 보일 것이다. 두 나라는 마주보고 '안녕', '사인 바이노'하고 인사한다. 만주를 사이에 두고 지리적으로 떨어져 있지만, 역사적으로나 정서적으로 몽골과 한국이 정겹고 가까운 이웃의 나라임을 느낄 수 있다. 마음속에 오작교가 그려져 있는 것이다.

여기에 잠깐 역사의 시간을 비추어 보자. 700년 전으로 돌아가 구글어스를 보면 어떠했을까? 칭기즈칸이 호령하던 몽골과 원제국이 유라시아 대륙을 뒤덮고 있을 것이다. 몇 세기를 더 거슬러 올라가면 한국의 옛 나라인 고구려가 만주 전역을 차지하고 있는 모습이 펼쳐질 것이다. 시대의 흐름에 따라 국가의 흥망성쇠가 한편의 영화, 파노라마처럼 펼쳐지고 있는 것이다.

몽골은 1206년 몽골고원 헨티에서 몽골제국임을 선포한 뒤, 태평양에서 헝가리 초원, 동남아에서 중동, 중앙아시아를 넘어 시베리아 지역까지 거대 국가를 이룩했다. 인류의 역사상 가장 큰 국가를 만들었던 것이다. 미국의 타임지가 인류에게 가장 큰 영향을 미친 1,000년의 인물로 칭기즈칸을 뽑은 이유가 있는 것이다. 현대 몽골인은 이와 같은 몽골제국에 대한 추억, 역사를 자랑스레 여기고 있다. 이렇게 역사 속에 영광과 굴곡을 겪은 몽골은 현재, 또 다른 육지의 섬으로 자리매김하고 있다. 북으로는 러시아가, 남으로는 중국이, 서로는 카자흐스탄을 비롯한 중앙아시아국가들과 인접해 있다. 현재 몽골은 대륙 속에 자리잡고 있고, 지도상 바다가 없다.

반면에 한국은 반도이다. 한반도는 북쪽의 만주와 시베리아, 남쪽으로 태평양을 잇는 연결점에 있다. 바다와 육지를 잇는 가교 위치에 있으며, 마음먹기에 따라 대륙으로 진출할 수도, 해양으로 나아갈 수도 있다. 잘못하면 양쪽으로부터 시련을 겪기도 한다. 서로 다른 듯하면서도 비슷한 점이 있다.

학술적으로 한 나라가 위치한 지리와 국민성, 국가전략 등을 묶어 설명하는 이론이 있다. 이를 '지정학geo-politics'으로 일컫는데, 이는 '지리geography'라는 단어와 '정치학politics'을 묶은 것이다. 국가의 발전전략을 짜고 대외정책을 추진함에 있어 지리적 위치가 중요한 영향을 미치고 있다는 점에 주목한다.

이를 테면, 알프레드 마한Alfred Mahan이라는 사람은 '해양국가 우세론'을 내세웠다. 지구에서 해양 즉 바다를 장악하는 나라가 곧 세계를 지배하게 된다는 것이다. 역사적으로 네덜란드, 스페인, 대영제국이 그러했다. 현재의 미국도 해양국가로서 전세계에 바다에 항공모함을 띄어놓고 있다. 에너지의 원천인 석유가 수송되는 모든 해양교통로SLOC: sea of lane, 바닷길을 가장 확실하고 안전하게 지키고 있다. 미국이 아직 초강대국인 이유가 여기에 있다. 최근 중국이 구소련의 중고 항공모함바랴호를 사다가 수리해 바다에 띄운 이유도 이와 관련이 있다. 'G-2'로 불리우는 미국과 중국 두 나라가 서로 긴장하는 이유도 바다를 둘러싼 경쟁이 심해졌기 때문이다.

그런데 이와 반대되는 의견도 있다. 매킨더Mackinder는 '대륙중심론Heartland theory'을 주장했다. 즉 대륙을 장악하는 나라가 곧 세계를 제패한다는 것이다. 이에 따르면 구소련시기 러시아, 몽골제국이 이에 해당된다. 이 둘을 합친 것이 '주변국가우세론Rimland theory'이다. 이는 지구대륙 중에서 주변부 즉, 유라시아지역을 장악하는 자가 세계를 경략하게 된다는 것이다. 해양과 대륙을 잇는 유라시아의 중요성을 간파한 것이다.

몽골과 한국을 함께 연결지어 보면 자연적, 지리적 환경의 측면에서 대륙과 해양을 결합하는 주변부적 위치에 놓여져 있다. 몽골은 중국과 러시아에 둘러싸인 "대륙의 섬"으로, 한국은 대륙과 해양을 연계하는 "반도"로서 잠재적 장점 요소를 품고 있는 것이다. 양국이 미래의 국가발전과 전략을 펼치는데 시사하는 바가 크다. 미래의 웅대한 꿈을 품는다면 '팍스 몽골리카Pax Mongolica'를 재연하고 '팍스 코리아나Pax Koreana', 전세계 평화와 문화를 묶는 '역사속 위대성'을 구현하는 날을 기약할 수 있는 것이다.

몽골을 보는 새로운 눈

이제 미래를 보자. 21세기는 스피드의 시대이다. 물론 과거 몽골시대의 영광도 역참제도를 활용하는 등 세계 최고 수준의 스피드를 구현한 데 힘입은 바 크다. 아무튼 스피드는 늘 중요했고, 앞으로도 더 중요해 질 것이다. 아울러 변화, 도전, 개척정신의 시대이기도 하다. 현대와 미래를 일컬어 '신유목민', '뉴노마드new nomad', '글로벌노마드global nomad'의 시대라 불리우는 데는 그만한 이유가 있는 것이다. 이러한 시대를 이끌어가는 데는 정신과 마음도 함께 가야한다. 몽골과 한국은 과연 스피드한가, 뉴노마드의 기질을 지니고 있는 것인가. 미래에 어떻게 발현될지 자못 궁금하다.

또한 21세기는 혁신의 시대이다. 창조의 시대이기도 하다. 늘 새로운 패러다임이 출현하며, 생활 속에서 우리를 깜짝깜짝 놀라게 한다. 스티브 잡스가 만든 스마트 폰이 그러하며, 아이패드, 갤럭시 탭, 태블릿 PC 등 새로운 기술과 융합된 생활제품들이 쏟아져 나오고 있다. 첨단 과학기술 발전과 함께 혁신이 늘 이뤄지고 있다. 나아가 새로운 패러다임을 받아들이는 열린 삶과 마음 자세도 중요해 졌다.

지금은 디지털의 시대이며, 시간과 공간을 초월한다. 지리적 공간도 뛰어 넘는다. 세계가 하나로 묶여져 있으며, 정보도 한순간에 지구촌 전체로 퍼져 나간다. 경제도 상호의존interdependence되어 있어 뉴욕의 증시가 몽골과 한국의 증시에 즉각 영향을 미친다. 2008년 터진 글로벌 금융위기를 극복하기 위해 세계 지도자 모두가 힘을 모으고 있다. 이러한 일들이 매일 매일 벌어지고 있다.

시대적 변화와 조류 속에 각 국가들은 어떻게 적응하고, 잘 살아 갈 수 있을까? 국제정치 시각에서 '21세기형 국력'에 주목해 볼 필요가 있다. 과거에 국력은 영토 크기, 인구, 경제력, 군사력 등이 전부였다. 물론 아직까지 이것들이 중요하긴 하다. 그러나 시대가 바뀌면서 다른 것이 보다 더 중요한 국력의 요소로 나타나고 있다. 즉 조셉 나이Joseph Nye가 말한 '소프트 파워Soft Power'가 이에 해당되며, 교육, 문화, 인재, 국민의 질, 정치수준 등이 포함된다.

특히 문화적 소프트 파워가 위력을 발휘한다. 한국은 비록 영토는 작지만, 소프트 파워를 근거로 그려보면 제법 큰 지도로 나타난다. 한류가 있고, 높은 교육열, 스피드 마인드와 노마드 기질을 갖고 있다. 스마트 폰으로 무상한 수천만 명의 생활기자가 활약하고, 생각을 공유하고, 토론하며, 앞길을 개척해 나가는 정보혁명의 지식사회를 가꾸어 나가고 있는 것이다.

과연 이와 관련해 몽골은 뭐가 새롭고, 뭐가 있나? 제일은 푸른 초원의 바다, 몽골의 대자연이다. 파란 하늘과 드넓은 초원은 하늘이 준 축복이며, 21세기 최대의 국가 자산이다. 미래는 자연이 각광받는 시대인 것이다. 몽골 국력과 연결됨은 물론이다. 다음은 높은 문자해독율에서 보듯 보석같이 빛나는 인재들이다. 시장경제체제로의 전환을 통한 경제 개방과 안정된 성장도 큰 보탬이 되며, 민주화에 성공한 것도 국력의 큰 자산이 될 것이다. 빠른 시일내 정치, 경제체제 전환과 성공을 동시에 이룬 것은 아무나 할 수 있는 것이 아니다. 국민의 질로 정치문화적 역량이 뛰어나고 국가발전의 원동력을 갖췄음을 보여준다.

몽골은 전통적으로 열린사회의 모습을 띠었다. 다양한 인종과 문화를 수용하고, 사상을 탄압해 본 적이 없다. 각종 논리, 주장, 갈등과 대립을 조화롭게 하고, 다양한 사고를 융합해 내는 커다란 용광로와 같다. 통섭과 융합의 시대에 걸 맞는다. 또한 몽골은 자원 부자이다. 타반톨고이의 석탄을 비롯해 무궁무진한 천연자원을 보유하고 있다. 아직 개발이 안 되어서 그렇지 무한한 잠재력으로 남아있는 것이다.

이밖에도 몽골은 지리적, 전략적 요충지로서 동서양을 연결하는 유라시아의 오아시스이다. 문화도 연결하고, 교통망, 무역망, 전파 통신망 등 각종 연결망, 네트워크를 중개하는 야전사령관에 해당된다. 칭기즈칸시대 정보 인프라이자, 통신, 교통의 정보 군사 고속도로였던 '잠치jamchi, 驛站'가 새로운 모습으로 21세기에 다시 한 번 발현될 수 있는 기회가 오고 있는 것이다.

잠재력과 함께 몽골의 열린사회, 정보통신 네트워킹의 유전자는 그래서 소중하다. 인터넷, 이메일, 트위터, 페이스북 등이 넘치는 소셜네트워크 서비스SNS 시대에 광활한 천연 자연 환경과 풍광, 야생동식물, 쏟아지는 밤하늘의 은하수, 양의 '메에에~'하는 소리는 몽골의 자산이며 국력의 한 부문인 것이다.

새로운 눈으로 몽골을 보면, 몽골의 미래는 밝다. 체제 안정을 이루고 있고, 국가발전을 위한 비전도 갖추고 있다. 새몽골의 꿈을 꾸고 있다. 나아가 '새몽골의 꿈은 곧 아시아 이웃나라와 함께하는 꿈이다'.새몽골이 온다. 이상우, 박광희, 2006년. 이는 한반도의 평화, 아시아의 평화, 지구촌 평화에 기여할 것이다. 이웃끼리 서로 존중하며 함께 번영하는, 협력을 통해 보다 행복하고 인간다운 삶을 실현해 나가는 몽골인 것이다. 몽골과 함께하는 '미래'가 기대된다.

몽골을 둘러싼 국제환경과 질서: 과거, 현재, 미래

국가는 국제환경에 민감하다. 국제질서international order가 포함된 국제환경은 한 나라의 운명을 좌우할 수 있기 때문이다. 세계는 수많은 국가가 무리를 지으며 살아가는 정글과 같다. 살아남기 위해, 더 잘 살기 위해 노력한다. 배신도 있고, 신뢰도 있고, 협력도 있고, 견제와 충돌도 있다. 갈등이 가장 심한 상태가 전쟁이다. 무리를 지어 싸울 경우 세계전쟁이 된다. 제1차, 제2차 세계대전이 그것이다. 반면에 많은 국가들은 국제 평화를 이루고자 애써왔다. 국제환경에는 현실과 이상이 함께 놓여있는 것이다. 국제정치학에서는 이를 현실주의realism와 이상주의idealism 패러다임으로 설명한다.

국제환경이 한 나라의 현재와 미래를 좌우할 수 있기에 이의 성격과 변화를 잘 파악하고 대처하는 것이 매우 중요하다. 몽골을 둘러싼 국제환경은 어떻게 전개되어 왔으며, 몽골이 주고받은 교훈점은 무엇인지, 미래의 혜안을 찾아 떠나보자.

칭기스칸이 세계였고, 몽골제국이 세계의 중심이었을 당시에 몽골은 국제질서, 국제환경을 이끌어가는 창조자이었다. 선도적 위치에 자리매김한 것이다. 반면, 원제국 몰락 이후 몽골은 주변 나라들의 득세에 따라 국운을 달리하게 된다. 15세기 원제국 몰락 이후 몽골은 역사속의 먼지로 사라지고, 600여 년 동안 나라 없는 설움을 겪어야 했다. 200년의 명의 지배, 230년의 청의 지배를 받았다. 강대국 등장에 유념하고 주변정세에 잘 적응해야한다는 것을 배운 것이다. 유목민의 기상을 잃어서도, 종교적 무력감에 빠져도 안된다는 교훈도 얻는다.

실제로 몽골은 14세기 중엽 주원장이 명나라를 건국하고 수도인 대도를 함락하면서, 기나긴 역사속의 시련을 겪는다. 1500년 이후 몽골은 북몽골, 남몽골내몽골, 서몽골준가리아로 갈라지고,

내부에서 조차 적대관계를 만들며 방황했다. 결국 남몽골은 내몽고로 중국에 병합되어 현재에 이른다.

시대가 흘러 14세기에서 20세기 초까지 동양권에서는 중국의 명-청이 이 지역 질서를 주도하였다. 15세기1405~1435년에는 정화가 서남아시아를 원정하기도 하였다. 한반도에는 조선왕조가 있었으며, 일본의 침략에 따른 임진왜란1592~1598년을 겪기도 했다. 반면 서양권에서는 14세기 비잔틴 제국, 16세기 종교개혁, 17세기 30년전쟁, 14~18세기 오스만투르크의 확장과 쇠퇴, 19세기 나폴레옹전쟁, 영연방의 형성과 제1차 세계대전으로까지 이어진다.

특히, 1689년 러시아와 청나라는 네르친스크 조약을 체결하는데, 이는 중앙아시아 지역을 두 나라가 분할 점령하는 내용을 담고 있다. 바이칼호 부근의 부리야트도 이때 러시아 땅이 된다. 그리고 몽골은 1691년 돌론노르에서 청의 지배를 인정하고, 1921년 독립할 때까지 청의 지배하에 놓이게 된 것이다. 이에 더하여 1717년에 청나라는 외몽골을 점령하고, 몽골 민족에 대한 동화정책을 적극적으로 추진하였다. 강대국들이 자신의 이해와 구미에 따라 지역 안보질서를 만들고, 국경도 마음대로 설정하던 시절이었다.

20세기 초엽의 국제환경을 살펴보자. 점차 세계가 하나로 묶어져 가기 시작한다. 이 시기에는 동아시아 질서를 호령하던 청나라도 몰락하게 된다. 군대와 선교사를 앞세운 서방의 동양권에의 침탈, 즉 서세동점이 이뤄진 시기이다. 중국이 굴욕으로 생각하는 시기이기도 하다. 조선도 이에 적절히 대처하지 못함으로써 결국 일본에 나라를 빼앗기고, 고통의 식민지 시대를 겪게 되었다. 시대적 흐름을 이해하지 못하고, 그 변화에 재빨리 적응하지 못함으로써 뼈저린 고통을 겪게 되었던 것이다. 반면 일본은 메이지 유신을 통한 개혁과 근대국가 성립에 성공하고, 서방국가들과 같은 반열에 올라선다.

몽골은 1911년 신해혁명으로 청이 붕괴되자, 반청 민중봉기를 일으켰으며 러시아의 정치 군사적 지원을 받아 임시정부를 수립하였다. 입헌군주제로 독립을 선언한 것이다. 당시 국제무대에서 세력을 떨치던 러시아를 나름 활용해 독립을 이끌어 낸 것이다. 이듬해인 1912년 러시아는 몽골의 자치를 승인하게 된다.

그러나 다른 한편으로 강대국간 약소국을 놓고 벌인 흥정과 타협은 지속되었다. 냉혹한 국제질서의 성격을 보여준다. 1915년 러시아, 중국, 몽골은 '외몽골은 중국의 종주권 하에 있으며, 러시아의 보호 하에 놓인 자치국이 된다'라고 하는 내용의 협정을 체결한다. 당시의 주변 국제환경과 세력균형을 반영하는 사례라 볼 수 있다. 세계사적으로 국제질서 전환기에 슬기로운 대처가 얼마나 중요한가 하는 점을 가르쳐준다. 국제환경 변화가

주는 역사적 교훈인 셈이다.

최종적으로 몽골은 1921년 7월 소비에트 적군과 연합해서 중국에 점령되었던 울란바타르를 탈환하고, 입헌군주국을 수립하게 된다. 이어 1924년 소련에 이어 두 번째로 사회주의국가인 몽골인민공화국을 수립하였다. 당시 몽골은 독립 쟁취에 있어 러시아의 지원을 받았고, 러시아는 1917년 수립된 사회주의 세력을 확장하려는 의도를 갖고 몽골을 지원하였던 것이다. 다른 한편으로 이를 계기로 몽골은 내몽골과 외몽골로 분리되었고, 이는 현재도 진행 중에 있다.

1945년 제2차 세계대전이 끝나고, 세계질서는 자본주의와 사회주의체제가 대결하는 냉전시대에 돌입한다. 이데올로기를 앞세운 체제 생존경쟁이였다. 소련과 미국이 두 개 축의 대표가 되어 싸웠다고 해서 '양극체제'라고도 불리운다. 얄타회담에서 비롯되었다고 해서 '얄타체제'라고 부르기도 한다. 아무튼 소련과 미국이 세계를 두 편으로 갈라 대립하게 됨으로써 국제정세 불안정이 높았고, 상내방에 대한 신뢰도 매우 낮았다. 이러한 환경 하에서 몽골은 소련의 축에 속해 있었고, 한국과 일본은 미국이 편에 놓여 있었다. 양국간 교류가 중단되고 상호 협력이 이뤄질 수 없었던 이유가 여기에 있다. 국제질서의 성격이 양국간의 관계 성격에도 영향을 미쳤던 것이다.

20세기 후반, 1989년을 기점을 세계질서는 다시 한 번 크게 요동쳤다. 구소련이 몰락하고 위성국가권에 있던 동유럽 나라들이 사회주의체제에서 자유시장경제와 다당정치 체제를 받아들이는 체제전환을 이룩한 것이다. 1985년 3월 젊은 고르바초프가 소연방 공산당 서기장에 올랐다. 그는 개혁, 재건이란 뜻의 '페레스트로이카Perestroika'와 새로운 신사고, '글라스노스트Glasnost, 개방'를 추진하였다. 이는 체제 변동을 낳고, 새로운 세계질서New World Order를 낳았던 것이다. 이제 사회주의와 자본주의간 체제 대결은 무의미해졌으며, 국가간 이념을 매개로 한 줄서기도 사라졌다. 수 십 년간 근간을 이뤄왔던 국제체제가 크게 변모한 것이다.

이러한 시대적 흐름에 발 맞춰, 몽골은 탈사회주의를 시도하였다. 즉 1990년 체제 개혁을 시작해 사회주의를 포기하고, 1992년 신헌법을 채택하였다. 이의 증표로 국명을 몽골인민공화국에서 몽골Mongol로 변경하였다. 몽골은 새로운 국제환경을 맞아, 새로운 도약의 계기를 마련한 것이다. 한국과도 1990년 3월 국교를 수립하였고, 금년에 수교 22주년을 맞았다.

새롭게 변모한 몽골은 체제전환을 성공적으로 이끌고, 힘든 민주화도 이룩한 국가로서 밝은 미래를 예약하고 있다. 몽골은 국제환경 변화에 잘 조응하고, 주변국들과의 화해와 협력 분위기를 만들어내고 있다. 동아시아 지역에 공존공영의 시대를 이끌어 가는 주춧돌이 되고 있는 것이다.

커가는 몽골의 위상과 역할

최근의 국제질서는 2001년 9/11 테러 이후 전개된 '테러전 시대'가 대표적이었다. 그런데 이라크와 아프가니스탄과 전쟁을 치른 미국이 이를 정리해 나가고 있고, 2011년 국제테러리즘의 핵심이었던 오사마 빈라덴이 사망함으로써 종착역을 향해 가고 있다. 이제는 2008년 글로벌 금융위기로 파생된 정치경제적 질서 변화가 더 크게 부각되고 있다. 냉전 종식 후 동아시아, 유라시아 질서는 미국 대 중러 전략적 동반자관계의 두 축이 중심을 이루었다. 중국과 러시아는 상하이협력기구SCO를 통해 중앙아시아에 대한 영향력을 확보하고 국제질서 구도의 한 축을 이루려는 노력하고 있다. 몽골은 이에 옵저버로 참여하고 있다.

겉으로는 협력하고 정상회담도 하고, 웃으면서 잘 지내고 있지만, 내부적으로는 서로 견제하는 모습을 띠고 있다. 새로운 차세대 유망국으로 '브릭스BRICS, Brasil, Russia, India, China, South Africa', 즉 브라질, 러시아, 인도, 중국, 남아프리카공화국이 지목되고 있다. 몽골과 국경을 접하고 있는 러시아와 중국이 모두 포함되어 있다. 특히, 이중에서도 중국의 부상이 빠르다. 2010년 9월 센카쿠 열도를 둘러싼 중일간의 충돌 이후 주변국들은 중국에 대해 경계심을 높여가고 있는 중이다. 동일본 대지진으로 큰 타격을 받은 일본은 계속되어 온 경제 침체 속에 곤란을 겪고 있지만, 이를 극복하고 새롭게 나라를 부흥시키려 노력 중에 있다. 유럽권 국가들이 재정위기를 겪으면서 국제무대에서의 영향력이 많이 떨어지고 있다. 아울러 중동과 북아프리카에서 보아왔던 민주화 혁명의 물결도 지속되고 있는 중이다. 많은 부문에서 동시에 빠르게 변화가 일어나고, 새로운 모습들이 나타나고 있다.

미래의 국제환경, 국제질서의 모습은 어떨까. 현재의 연장선에 있음은 분명하다. 미국은 이전과 같은 단일 패권국가는 아니지만 여전히 국제무대에서 가장 강한 나라로 남아 있을 것이다. 중국의 부상 역시 지속될 가능성이 높다. 이에 현재 'G-2 체제'의 등장으로 불리우는 모습이 지속될 것으로 보인다. 미국과 중국은 유라시아질서에 가장 큰 영향을 미치는 주요 변수가 될 것이다. 앞으로 양국간 '협력과 견제'의 이중적 모습을 띠는 것이 많아질 것으로 예상된다. 동아시아 평화와 발전을 위해 여기에 속한 국가들이 무엇을, 어떻게 서로 강구해 나갈지 하는 점이 외교적 과제로 남아 있는 것이다.

역사적으로 부상하는 국가와 패권을 가진 국가가 어느 접점에서 충돌하는 것은 다반사였다. 이를 국제질서상의 '세력전이power transition'라고 부른다. 특히 초강대국의 영향력이 약화될 경우 각 국가들간의 발전의 속도와 힘의 차이가 생기기 시작하면 도전국이 패권국의 국력을 따라잡게 되며, 이 도전국이 기존의 국제질서의 틀을 깨려는 불만족 국가일때는 분쟁이나 갈등이 더욱 커진다는 이론이다. 이전 패권국이 몰락하고 새로운 패권국이 등장함으로서 힘의 분포가 변화하는 것을 분석하는 이론이다. 네덜란드와 스페인을 누르고 영국이, 영국의 패권을 이어받은 미국의 등장이 역사적 사례에 해당된다. 특히 21세기 동아시아지역의 세력분포와 변화추이, 각 국가들간의 동맹관계나 협력관계 등 강대국에 의해 주도된 국제질서에 대한 불만족도가 강해지면 이 지역의 평화는 예측할 수 없는 방향으로 움직이게 된다. 21세기 저편에 중국이 미국을 뛰어넘어 새로운 패권국으로 등장할지, 아니면 과연 어떤 모습으로 전개될지 궁금하다.

미래 국제환경 속에서 한국과 몽골은 동아시아 안정과 평화를 위해 어떻게 기여할 수 있을까. 국가발전과 생존을 위해 무엇을 추진해야하며, 어떻게 적응해 나갈 것인가. 양국 모두에게 주어진 미래의 국가 과제인 셈이다.

밝은 미래를 기약하며 합종연횡, 이이제이, 도광양회를 비롯해 견제와 균형, 동맹, 국가연합, 중립국가화 등 모든 국가전략을 강구해야하는 시점인 것이다. 지나온 역사가, 국제환경 변화가 반면교사로서 여러 교훈들을 제시해 주고 있다.

몽골의 이웃들: 중국과 러시아

몽골은 중국과 러시아에 둘러싸여 있으며, 지정학적으로 완충국가buffer state에 해당된다. 몽골이 중국과 러시아중 어느 한편에 치우칠 경우 더 큰 세력을 갖기 때문에 상대방 국가는 자연히 긴장할 수밖에 없다. 중국과 러시아의 입장에서 몽골을 자기편을 끌어들이는 것은 전략적으로 매우 중요한 것이다. 몽골의 입장에서도 어느 한편에 일방적으로 치우치는 것보다는 양측의 줄다리기를 잘 활용하는 것이 낫다. 균형점을 갖고 중립 외교를 펼치는 것이 바람직하다. 양다리 걸치기 외교이며, 줄타기 외교이기도 하다. 이럴 경우 중국과 러시아 모두로부터 관심도 받고, 이익도 얻어낼 수 있기 때문이다.

국제정세 변화와 함께 주변국들은 몽골을 어떻게 바라보고 있으며, 또한 몽골은 이들 국가에 대해 어떻게 생각하고 이해하고 있을까. 향후 몽골이 대외전략, 대외정책을 펼쳐 가는데 있어 좋은 지침이 된다. 현재 몽골은 전세계 많은 국가들과 수교를 하였다. 과거 구소련의 위성국가로서의 모습을 벗어 던지고, 문호를 개방하고 국제무대에서 큰 활약을 펼치고 있다. 상하이협력기구SCO에 옵저버로 참여하고, 중앙아시아와의 가교 역할을 하면서, 유라시아 발전에 기여하고 있다. 독자적이고 개방적인 외교정책을 추진하고 있는 것이다.

몽골과 중국은 역사적으로 물고 물리는 관계였다. 칭기스칸 시대가 그러했고, 명, 청 시대가 그러했다. 서로가 체제의 생존을 위협하는 세력으로 남아있었다. 소련이 도움이 아니었다면 몽골은 계속 중국의 지배하에 놓여 있을 수도 있었다.

비록 역사적으로 반목과 경쟁이 심하였지만, 탈냉전의 도래와 함께 양국관계도 점차 협력하는 방향으로 변화되었다. 몽골은 1962년 중국이 외몽골을 인정하고 국경조약을 체결함으로써 체제 위협에서 벗어나게 되었다.

탈사회주의, 탈냉전 시대는 공존의 시대이며, 함께 공동 번영을 이룩하려 한다. 몽골은 중국과 1994년에 우호협력조약을 체결하고 관계 개선에 나섰다. 그리고 2003년 후진타오 중국 국가주석이 몽골을 방문하고, 2004년에는 바가반디 몽골 대통령이 중국을 방문하기에 이른다. 양국 모두 주변에 적대세력을 둘 필요가 없는 것이다. 다른 나라를 점령하고 식민지로 만들 필요도, 또 할 수도 없는 시대에 들어와 있음을 잘 알고 있는 것이다.

내심으로 몽골은 여전히 중국을 경계한다. 국경을 접하고 있는 중국은 인구가 14억이다. 300만의 몽골과는 워낙 차이가 있다. 안보적 관점에서 긴장할 수밖에 없다. 역사적으로 중국을 마음에 들어 하지 않는 정서도 남아있다. 몽골의 입장에서 보아 중국에 종속되는 것을 경계하고, 적대세력화 되지 않도록 하는 것이 중요하다. '불가근불가원不可近不可遠'이 좋아 보인다.

반면 중국의 입장에서 몽골은 전략적으로 중요하다. 우선 몽골국과 내몽골자치구가 힘을 합치지 않도록 해야 한다. 이들이 민족적으로 뭉치면, 소수민족이 많은 중국에게 커다란 타격이 된다. 그렇지 않아도 긴장관계에 있는 신장 위구르를 비롯한 소수 민족들의 독립 움직임에 불을 붙일 수 있기 때문이다. 또한 중국은 미국이 몽골과 연합해 중국을 포위하려는 시도를 하고 있다고 보고 있다. 혹시라도 이렇게 될까 의구심을 갖고 저지하려 한다. 경제적 이득 이 외에 중국이 몽골과 관계를 잘 유지해야하는 이유가 있는 것이다.

몽골에게 있어 러시아는 중국과의 경쟁 속에서 몽골의 독립을 보전해 준 세력이다. 악어와 악어새와 같은 공생의 관계이다. 전통적으로 러시아는 몽골의 우방국이다. 소련이 미국과 세계를 양분했던 냉전시절에 몽골은 소련의 위성국이었다. 독립국이었지만, 실제로는 소련의 구성공화국과 마찬가지의 지위를 가졌다. 그래야 국가 존속이 가능했을 것이다.

그러나 몽골사람들은 구소련에 대해 그리 호의적인 감정만을 가지지 않았다. 중소분쟁당시 소련은 사회주의권의 이탈을 막기 위해 몽골에 엄청난 원조와 투자를 제공했고 이는 몽골의 사회, 경제, 군사적 측면에서 상당한 도움이 되었던 것이 사실이다. 그러나 70년의 구소련과 몽골의 관계는 평등관계에 기초한 관계가 아니라 '도와주는 자와 도움을 받는 자'의 관계였다. 진정한 우방이라기보다는 이념과 체제의 유지에만 관심을 갖는 정부와 공산당간의 관계에 지나지 않았다.

1990년 구소련의 와해와 더불어 몽골은 완전한 독립국가로서의 위상을 되찾았다. 국제환경의 변화가 얼마나 중요한가 하는 점을 보여준다. 비록 구소련 붕괴 이후에는 다소 유대관계가 약해지긴 했지만, 아직도 러시아는 몽골의 중요한 전략적 외교 파트너이다. 새로운 시대에 새로운 체제에서 살고 몽골은 과거의 러시아의 독점적 영향력에서 벗어나려 하고 있다. 러시아 또한 전략적 요충지이자 거대한 자원을 가진 몽골이 무시할 수 없는 지역 또는 국제적 행위자로 인식하기 시작했다.

러시아의 몽골에 대한 접근은 유라시아, 동아시아 세력균형의 차원에서 이뤄진다. 러시아는 미국을 의식하고, 중국을 보며, 일본과 한국도 포함된 큰 국제질서 그림을 보고 있는 것이다. 따라서 몽골과 러시아의 양자관계만 보기 보다는 보다 큰 틀의 복합적 국제질서 구도를 고려해야 한다. 러시아로서는 시베리아 지역의 브랴치야 몽골족의 독립 추진을 사전 제어할 필요가 있다. 중국의 부상에 따른 여파로서 몽골을 완충국으로 삼아 전략적 안정을 이뤄낼 필요가 있다. 따라서 몽골내 반러시아 정서를 다독거리고, 국경문제에서의 불편한 관계를 해소하려 노력한다.

몽골로서는 긴 국경을 함께하고 있는 러시아의 위상을 무시할 수 없다. 또한 아래의 거대 중국을 견제하는 외곽의 방패막이이자 지렛대로 러시아를 활용하고자 한다. 지리적으로, 경제적으로, 전략적으로 새롭게 떠오른 몽골 자신의 가치를 잘 활용할 필요가 있는 것이다.

몽골의 새로운 파트너 미국과 일본

2005년으로 돌아가 보자. 미국의 부시 대통령이 몽골을 방문했다. 그뿐만이 아니라 미국의 국방장관, 국무장관, 하원의장도 몽골에 왔다. 왜 이들은 몽골에 대해 관심을 갖고 정성을 들이는 것일까.

몽골과 미국이 관계 증진을 이루는 데는 무엇보다 몽골의 체제전환과, 개혁개방 정책 추진이 크게 작용했다. 나아가 민주화를 이룩해 내는 것도 큰 보탬이 되었다. 미국은 몽골의 민주화와 개방정책에 대해 전폭적인 지지를 보냈다. 1998년 올브라이트 미국 국무장관이 몽골을 방문한 것도 이를 지지하기 위함이었다. 미국이 몽골의 성공적 국가건설을 후원한 것이다. 이어 2003년에는 몽골의 바가반디 대통령이 미국을 방문하기에 이른다.

미국은 몽골에 대해 크게 두 가지 점의 매력에 끌리고 있다. 하나는 에너지 안보가 중요하게 부각되는 시기에 몽골이 지닌 풍부한 지하자원에 대한 관심이다. 몽골과의 경제협력을 통해 상호 이익을 얻으려는 것이다. 또 하나는 지정학적 위치에 따른 몽골의 중요성 때문이다. 몽골은 중국과 러시아에 둘러싸여 있지만, 몽골이 어느 나라 편에 서느냐에 따라 전략적 그림이 달라진다. 우리는 종종 고단자들이 바둑을 둘 때 한 수, 한 수를 둘 때마다 전체 판세가 바뀌는 장면을 보곤 한다. 몽골은 그 바둑판 한가운데 있는 요충지요, 판세를 좌우하는 흑이자 백색의 돌인 것이다. 미국은 떠오른 중국을 견제하는 카드로 몽골을 자기편으로 끌어들이려 한다. 또한 아프간전쟁을 치르고 있는 중앙아시아에 전략적 거점을 만들고 싶어 한다. 몽골이 이에 대한 대안이 될 수 있다. 이밖에도 동아시아 질서의 한축을 이루고 있는 러시아에 대한 견제의 의도도 담고 있다.

미국의 입장에서 전략적으로나 경제적 실익을 얻는 측면에서 보나, 새롭게 단장한 몽골은 중요한 협력 파트너인 것이다. 관심을 가질 수밖에 없으며, 이는 앞으로 더욱 더 부각될 것이다. 중국과 러시아 역시 미국의 몽골에 대한 구애에 대해 그냥 바라만 보고 있지 않을 것이기 때문이다.

몽골의 관점에서 미국은 새로운 국가발전의 후원자이다. 경제적 교류 증진을 꾀할 수 있고, 인도적 지원을 포함해 많은 혜택을 얻고 있다. 미국은 후발국들이 자유민주주의의 가치와 질서를 이끌어 나가는데 관심이 높다. 미국은 몽골의 민주화 실현과 시장경제체제의 성공적 운영에 대한 든든한 후원자 역할을 자임한다.

또한 미국은 몽골에게 전략적, 외교적 지원 세력이기도 하다. 역사적으로 몽골은 중국과 늘 긴장관계를 지녀왔다. 최근 급격히 부상하는 중국은 한편으로는 긍정적이지만, 다른 한편으로는 커다란 부담감을 준다. 이럴 경우 이를 외부세력을 끌어들여와 가까운 세력을 견제하는 '이이제이以夷制夷'전법 구사가 바람직하다. 이이제이 활용의 대표적인 대상이 미국이 될 수 있다. 미국 역시 이 부문에 공동의 이해관계를 갖고 있기 때문이다.

몽골은 이라크전과 아프간전쟁에 군대를 파견했다. 비록 소수에 불과하지만 미국에 힘을 보탠 것이다. 또한 평화유지 활동 훈련을 전개하는 등 군사교류도 해 나가고 있다. 몽골은 나름대로의 생존전략과 번영전략을 구사하고 있는 것이다.

앞으로도 미국은 새로운 유라시아질서 변화에 관심을 가질 것이며, 여러모로 몽골을 자기 세력권내에 끌어들이려고 노력할 것이다. 몽골로서는 주변국들과의 전략적 이해관계를 잘 살펴야 한다. 변모하는 국제정세의 체스판을 잘 읽어 내는 것이다. 전략적 균형추로서의 가치를 제대로 인정받을 수 있도록 최고의 국가전략을 이끌어 내야 한다.

몽골과 일본관계는 크게 눈에 띄지 않는다. 1991년부터 몽골에 들어온 차관이나 원조의 대부분은 일본으로부터 나온 것이었다. 이는 일본 전체 대외원조액의 1%에 지나지 않는 액수지만 몽골의 인구를 고려한다면 상당한 비중이라 할 수 있다. 일본은 외교적으로 중앙아시에 대한 거점을 확보하는 차원에서 몽골을 중시 여긴다. 경제 강대국인 만큼 몽골에 대한 접근도 경제적 지원을 앞세우고 있다. 즉 특별보조금, 장기 저리 차관의 제공, 문화발전 기금의 조성과 같은 경제적 혜택을 주는 접근법을 활용하고 있다. 나아가 장기적으로 대륙에의 경제적 진출을 위한 전진기지 내지 교두보를 만들려는 생각도 갖고 있다.

몽골의 입장에서 일본의 경제적 지원은 좋은 측면이다. 경제발전, 국가 발전을 위한 재원을 제공해 주는 것을 마다할 이유가 없다. 일본이 갖고 있는 중국 견제의 전략적 생각도 활용해 낼 수 있다. 긍정적인 방향으로의 협력이 기대되며, 더 나은 관계 증진을 이룰 것으로 보인다.

새몽골의 새로운 반려자: 무지개의 나라 한국

몽골에게 있어 한국은 정서적으로, 문화적으로 가까운 나라이다. 체제전환을 하고 새로운 도약을 꿈꾸는 몽골에게 한국은 좋은 공동 번영의 동반자이다. 새로운 발전을 구상하는데 있어 한국의 경제 발전과 민주화 성공의 경험은 좋은 귀감이 될 수 있다.

사실 한국과 몽골이 다시 만나는 데는 700여년이라는 긴 세월이 흘렀다. 1990년 수교를 통해 새로운 교류의 통로가 열린 것이다. 1995년 서울시와 울란바타르 두 도시가 자매결연을 맺고 울란바타르시의 중심에 '서울의 거리'도 조성했다. 양국 대통령도 상호 방문하고, 교류도 많이 증진되고 있다. 몽골에게 있어 한국은 중국, 러시아, 미국에 이은 네 번째의 교역국으로 중요하다.

몽골은 한국에게 있어 매우 중요한 경제협력의 파트너이자, 전략적 동반자이기도 하다. 21세기 안보질서, 국제환경의 변화 속에서 한국과 몽골은 서로 협력하고 함께 정책을 나눌 수 있다. 서로에게 큰 도움을 주기 때문이다.

몽골이 지닌 지정학적 위치와 거대한 자원은 동북아 평화체제와 에너지 협력을 하는데 매우 중요하다. 한국은 미래의 떠오르는 IT 강국이다. 지식강국이며, 문화강국이기도 하다. 또한 남북한 통일을 이루고자 하며, 이에 몽골은 중요한 역할을 해낼 수 있다.

나아가 몽골은 한국을, 한국은 몽골을 중국과 러시아에 대한 새로운 견제 지렛대로 활용할 수 있다. 한국은 주변국 중 가장 안심하고, 편안하게 상대할 수 있고 부담감이 적은 나라이다. 함께 공동번영을 이루고, 서로에게 큰 혜택을 가져다주는 무지개이자 반려자인 것이다. 밝은 미래를 향해 함께 손잡고 힘찬 발걸음을 내딛어 보자.

몽골의 전략적 가치를 찾아라

현재와 미래에 몽골은 무슨 매력이 있을까? 어떠한 전략적 가치를 지니고 있나. 첫째로 무엇보다 몽골은 선거를 통한 정권교체를 이룩했다. 민주화와 산업화를 동시에 달성하려는 기록을 세우고 있는 중이다. 정치체제, 경제체제 전환을 통해 자유민주주의 국가로 탈바꿈하였고, 국제사회의 커다란 흐름을 타고 있다. 국제환경의 변화를 이해하고, 국제사회의 보편적 '가치'를 존중하고 공유하고 있다는 게 중요하다. 소위 '세계 변화 물결의 중심main stream'에 자리 잡고 있는 것이다. 이러한 토대위에 있기에 새로운 국가건설의 꿈을 기약할 수 있는 것이다.

정치지도자들이 깨우쳐, 올바른 리더십을 갖고 배우려는 자세로 국가발전에 매진하는 모습도 좋다. 한 시대에 각 분야에서 영웅이 많이 나와 국가발전에 기여하는 것도 국운이다. 현재에 살고 있는 나의 영광이요, 국가의 영광이기도 하다. 한국에는 그러한 인물들이 많이 배출되었다. 몽골 역시 훌륭한 인재가 나오고, 새로운 몽골 건설의 꿈이 저 높은 몽골 초원의 하늘을 향해 드높이 날 것을 기대한다.

두 번째 매력이자 전략적 가치는 바로 무한한 잠재력의 나라라는 점이다. 칭기즈칸의 추억과 기억은 영원한 자긍심이자, 자부심으로 남아있다. 영화에서 보듯 그 시절의 생활을 그려볼 수 있다. 동서 간 문화교류가 크게 많아졌다. 육지와 바다의 교통로가 뚫렸고, 기독교와 이슬람교 등 종교의 전파에도 기여하였다. 지리학, 수학, 천문학, 지도제작법, 역학 등 헤아릴 수 없는 많은 문명적 요소가 전세계로 전파되었다. 몽골판 실리콘밸리도 건설되었다. 그 바닥에는 노마드 정신, 유연함과 몽골 특유의 민족성, 혁신을 받아들이는 열린 사고, 초원적 정신이 혼합되어 잠재되어 있다. 발전과 혁신은 다른 목소리에서 나온다.이나리의 시시각각, 중앙일보, 2012.1.4. 진정한 도약을 위해서는 이를 받아들이는 정신적 유전자가 있어야 한다. 이게 값진 것이다. 이렇듯 무한한 정신적 잠재력을 가진 몽골은 매력이 있다. 다음의 잠재력은 자연에서 나온다. 자연 풍광도 그러하고, 광활한 영토에 묻혀 있는 천연자원이 그러하다. 몽골은 세계 10대 자원보유국이다. 석탄, 석유, 동, 몰리브덴, 우라늄, 형석 등 풍부한 자원을 자랑한다. 물질적 측면에서 내려준 미래의 축복인 것이다.

셋째는 전략적 요충지로서의 몽골이다. 유라시아 국제질서가 재편되고 있는 상황에서 이는 더 빛을 발한다. 동아시아 질서 재편은 몽골에 유리한 외교적 환경을 제공해 주고 있는 것이다. 내륙에 위치한 몽골은 지리적으로 유럽과 아시아를 잇는 중추신경이다. 물류 네트워크의 핵심지이기도 하다. 대륙의 중간에서 평화와 번영을 이끌어 내는 중재자 역할을 할 수 있다. 중립적 안보체제를 형성하는데도 기여한다. 나아가 중앙아시아 여러 국가들과의 연대가 가능하며, 일종의 가교역할을 수행할 수 있다. 이러한 지정학적 이점 때문에 주변국들이 열심히 몽골에게 달려오고 있는 것이다. 반면에 몽골은 인구가 적다. 군사력도 경제력도 미약하다. 어떻게 보면 강국인 중국과 러시아에 둘러싸여 포위된 형국이다. 이러한 점은 몽골이 안고 있는 현실적 한계이며, 극복해야할 미래 과제이기도 하다.

마지막으로 한몽관계 발전의 시각에서 한국이 바라보는 몽골의 모습은 다음과 같다. 상호 보완적이며 선린우호 협력의 동반자이다. 전략적 요충 국가로서 역내 다자협력을 위한 동반자이다. 에너지와 자원외교의 중요한 동행자이다. 지리 경제적 측면에서 유라시아로 진출하는데 필요한 전진기지이다. 남북관계 협력에 도움을 주는 전략적 촉진제이다. 몽골은 한국에게 긴요한 존재인 것이다.

21세기 새로운 한몽관계를 향해

브레진스키라는 미국의 저명한 국제정치학자는 지구촌을 '거대한 체스판Grand Chessboard'으로 보고, 각 나라들이 전략적 게임을 벌이고 있는 것으로 파악한다. 현재 동아시아, 유라시아 지역은 가장 빠르고도 크게 변화하고 있다. 새로운 모습의 체스판이 형성되고 있는 것이다. 중국이 부상하고 있고, 얼마전 오바마 대통령은 아시아를 중시하는 신국방전략을 내놓았다. 센카쿠 열도를 둘러싼 중일간 충돌도 있었고, 남사군도를 둘러싼 중국과 동남아국가들간의 긴장도 있었다. 한 · 미간 자유무역협정(FTA) 체결이 이뤄졌고, 한 · 중 FTA도 협상이 시작된다. 아시아–태평양 지역경제를 통합하는 환태평양경제동반자협정(TPP; Trans-Pacific Partnership)도 주목받고 있다. 중앙아시아, 동남아시아, 인도양을 둘러싼 주변국들도 세력을 키우고, 짝짓기에 분주하다. 좀 더 크게 보면, 대륙국가 대 해양국가 간 서로 마주보는 모습도 그려진다.

다른 한편으로는 미국, 중국, 러시아, 일본 등 주변 강국들이 서로 협력하고 공존하는 모습도 보인다. 한편으로는 손을 내밀고, 다른 한편으로는 다른 손을 잡는다. 협력과 견제와 경쟁이 함께 살아 움직이고 있다. 다층적이고 복합적인 시대가 다가온 것이다.

국제환경의 변화에 담긴 역사적 교훈을 아는 한국과 몽골은 이에 잘 조응할 필요가 있다. 쓰라린 역사의 경험은 한번으로 족한 것이다. 한몽관계는 다음과 같은 점에서 미래의 반려자, 동반자로 커 나갈 수 있다.2004년 한몽포럼, 김용호 교수 발표문. 역사, 문화, 인종적 공통성과 지리적 인접성에 따른 양국간의 정신적 유대감이 있다. 중국과 일본, 러시아 등 지역 강대국의 세력 팽창에 대한 경계심을 공유하고 있다. 몽골의 지하자원과 한국의 경제발전 경험 및 기술 간의 보완성이 있다. 민주주의와 시장 경제 실현이라는 동일한 국가정책 목표를 갖고 있다. 동북아의 안정과 번영이 필수적이라는 인식을 같이하고 있다.

21세기 시대적 환경과 함께 한국과 몽골은 같은 비전과 꿈을 꾸고 있다. 미래에 국민이 보다 잘살고 행복한 국가를 만들어 내는 것이다. 꿈을 갖고 새롭게 도약하는 것이다. 주변국들에게 시달린 역사를 되새기지 않고 민족적 자긍심을 드높이고자 한다. 나아가 국제사회의 평화 유지와 공동 번영에 기여하고자 한다.

체제전환과 대외개방 직후 몽골이 가장 먼저 외교관계를 수립한 나라가 한국이다. 몽골은 한국의 경제 발전 모델을 배우고자 하는 등 한국을 우호국으로 여기고 있다. 이러한 점들을 볼 때 앞으로 한몽간의 유대관계는 크게 심화 발전될 것이다.

한몽양국은 서로의 문화, 가치를 존중하며, 서로 호감가고 이익을 주는 부문에 대한 협력을 증진시켜 나가야 한다. 몽골은 유라시아 대륙 진출의 도움이 되는 지리적 위치에 있고, 한국은 반도적 특성과 연결되어 있다. 내륙국가와 반도국가로서 양국의 결합을 통한 전략적 시너지 효과를 발현해 내야 한다.

구체적으로 어떠한 것들이 실현되는 것이 바람직할까. 한몽은 먼저 경제협력을 포함해 실익을 가져다주는 부문에 내한 협력을 강화할 필요가 있다. 몽골이 추진 중인 사회간접자본SOC 구축에의 지원과 에너지 개발 협력의 증진이다. 철도 운송, 유라시아 물류체계 구축, 환경, 의료, 보건, 삼림보호 등 다양한 분야에서의 협력 강화가 포함된다.

한몽 양자를 넘어선 다자협력 사업의 활성화도 긴요하다. 동북아 전력계통 연계망, 국제 환경회의, 동북아 산림네트워크, 동북아 다자안보협력체제 구축에의 참여 등이 있다.

끝으로 무엇보다 가장 중요한 것은 한몽이 미래 비전을 나누고, 잘 가꾸어 가는 것이다. 두 나라간 부족한 부분은 서로 메워주고, 풍족한 부분은 서로 나눠 갖는 자세와 인식이 중요하다. 중장기적으로는 경제공동체를 이루고, 문화공동체를 지향하는 것이 바람직하다. 문화적, 정감적 부문을 활성화하는 것이다. 한국에서 차별대우 받는 몽골인이 없어야 하며, 몽골 현지에서의 한국인들의 못된 모습도 사라져야 한다. 한류를 격려하고, 몽골의 문화적 바람도 한국에 널리 퍼져야 한다. 외교적으로 몽골은 한반도 안정과 평화 유지에 기여해야 하며, 남북한 통일에 긍정적인 역할을 해야 한다.

700여년의 역사적 공백 속에 다시 마주한 한몽은 함께 새로운 비상을 꿈꾼다. 진정한 새로운 국가발전 패러다임과 비전이 요구되고 있다. 주변 강대국들에 공조해 대처하고, 궁극적으로 정감적 전략 동맹을 만들어 가길 기대한다. 대륙과 해양을 잇는 가교국가 역할을 할 수 있다. '해륙국가海陸國家'로 거듭날 수 있다. 미래에 뭉쳐진 힘을 발휘하는 것은 양국 모두에게 최상의 생존전략이자, 번영전략이다. 드넓은 몽골 초원에 무지개가 기분 좋게 방긋 웃는다. 저 미래의 한몽은 더욱 새롭고 담대한 상상력을 필요로 하고 있다.

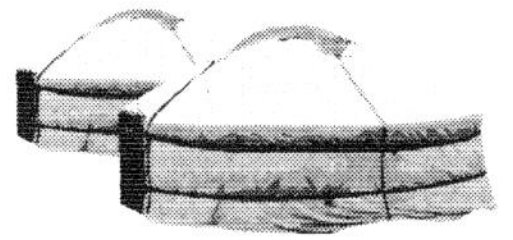

3장 13세기를 간직하며 21세기를 사는 칭기스칸의 후예들

김기선 (단국대학교)

13세기와 21세기가 공존하는 몽골

우리 사회에서 통용되는 말 중에 '알아야 보인다'는 말이 있다. 이는 가장 가까운 이웃사촌인 몽골을 제대로 알아야만 좀 더 발전지향적인 입장에서 양국의 교류도 활성화 되리라는 뜻이 되지 않을까 한다. 한 · 몽 수교 22주년을 맞이하는 현 시점에서 지난 20여 년간 몽골에 대한 관심은 부쩍 늘어나고 있다. 몽골을 쉽게 방문할 수 있는 여건과 기회가 많아지면서 몽골은 이제 정말로 가까운 이웃이 된 셈이다. 20세기 말 지구상 유일의 은둔국가였으며 세계 10대 자원부국인 몽골은 그만큼 우리 앞에 친숙하게 다가와 있는 것이다.

1990년 3월 26일 한몽 양국 수교 이후 지구상 유일의 유목민의 나라인 몽골을 방문하는 한국 관광객은 계속 증가하고 있다. 2010년 한해에는 8만 명이 넘게 몽골을 방문하였다. 세계에서 가장 많이 몽골을 찾는 나라인 것이다. 역으로 한국에 유학을 오거나 근로자로 또는 한국인과 결혼한 다문화가정도 현재 4만 여명에 이르고 있다.

그간 몽골에 대한 많은 소개책자와 몽골입문서가 출판되었다. 이는 오랜 역사의 토대 위에 '사돈의 나라' 그 이상의 혈통적인 유대감을 형성하는 바탕이 되었다. 그러나 몽골의 사회 · 문화에 관한 의문점은 여전히 많이 남아 있다. 특히 몽골은 비교문화사적으로 우리와는 아주 밀접한 관계에 있기 때문에 좀 더 많은 관심과 연구가 요구된다.

이 시점에서 무궁무진한 몽골의 유목 문화를 제대로 이해하기 위해서는 여러 가지 측면에서 살펴보는 것이 필요하다. 현대 몽골 사회의 분석은 확실히 다문화가족이 증가하는 한국에서의 세계화교육에 빛을 발할 뿐 아리라 더욱 발전 지향적으로 유목문화와 농경문화간의 교류도 활성화할 것으로 기대한다.

몽골속의 한류 들여다보기: 몽고풍과 고려양

1990년 3월 26일 한몽 수교 이후 양국관계는 과거역사에서의 형제국가의 경험을 바탕으로 급격히 가까워졌다. 특히 1991년 10월 폰살마깅 오치르바트 몽골대통령의 방한으로 정치 경제적인 교류 이외에 다른 분야에서도 적극적인 교류가 시작되었다. 특히 매스미디어의 급속한 발전으로 한국문화와의 접촉이 빈번해지면서 몽골의 젊은 층에서 한국문화의 적극적인 수용이 나타나기 시작하였다.

일례로 한국인들의 다양한 삶이 드러나는 한국 TV드라마는 몽골인들에게 한국과 한국인에 대한 이해를 높여주고 한류바람을 일으키는 계기가 되었다. 1999년 몽골 국영방송국에서 방영한 '모래시계'는 그 인기가 매우 높아 초기 한류의 맹위를 떨치는 계기가 되었다. 울란바타르 TV 방송에서 재방영하는 초유의 현상도 벌어졌었는데 이때부터 몽골의 안방극장에서 한국드라마의 붐이 일어나기 시작했다

현재 몽골인들은 한국인보다 훨씬 더 많이 K-POP 또는 한국영화나 TV 드라마를 즐기고 있다. 1997년 몽골에 처음 한국

드라마가 소개된 후 지금까지 몽골 내 5개 TV방송국 가운데 3개 방송국이 거의 매일 한국드라마나 영화를 방영하고 있다. 멜로드라마, 가족드라마, 액션물 등 장르를 구분하지 않고 한국 TV 드라마를 많이 방영하고 있다. 이는 한국 TV 드라마가 몽골 시청자들의 정서에 맞기 때문이다. 2006년 1월 KBS 1TV에서 방송된 뉴스에서는 몽골의 6개방송사는 모두 시간대마다 한국드라마를 내보내고 있다는 보도를 한 적도 있다.

몽골은 대부분의 집이 케이블 TV를 시청하는데 몽골방송국에서 프라임 시간대에 방영하는 드라마는 대부분 한국드라마였다. '야인시대', '대장금', '허준' 등을 방영하는데 그 시간대면 식구들이 옹기종기 모여앉아 시청한다. 2010년은 한국 드라마가 최고조에 달한 해였다. 한국에서 시청률이 50%를 넘었던 '아내의 유혹'은 시청률이 80%, '분홍립스틱'은 90%에 달해 드라마 한류를 이끌었다.

몽골에서 이렇게 드라마가 맹위를 떨치면서 극복해야 할 과제도 나타난다. 몽골에서 방송되고 있는 한국의 드라마 대부분이 외화속의 배우의 입과 거의 맞지 않는다는 점이다. 몽골에서 최근에 방송된 한국의 인기TV드라마 '아내의 유혹', '분홍립스틱'의 더빙을 살펴볼 때에 몽골성우의 목소리와 한국성우의 목소리가 함께 섞여 나옴을 볼 수 있다. 그런데 이러한 더빙 드라마를 시청하면서 몽골의 시청자들은 크게 불편함을 느끼지 않고 있다. 이는 몽골 시청자들이 몽골의 기존 더빙 관습에 적응을 하였기 때문이다. 하지만 이러한 불구적인 더빙형식은 빨리 극복해야 할 과제라고 할 수 있다. 몽골 시청자들도 외화나 한국 TV드라마를 전체적으로 즐기기 위한 권리가 있기 때문이다. 또한 한국과 몽골의 원활한 대중문화 교류를 위해서 한국 TV 드라마가 몽골 시청자들에게 보다 심도 깊게 다가가야 하기 때문이다.

13세기 고려와 몽골은 비록 부마국으로 강화를 맺었지만 양국의 활발한 교류 속에 몽골의 간섭기에 들어가는 후기에 오면서 여러 변화를 보이게 된다. 고려는 당시 몽골의 철저한 내정간섭으로 말미암아 사회구조에 있어 전반적으로 위축된 양상을 보일 수밖에 없었다. 중세 몽골과 고려의 관계는 긴밀했던 역사적 배경에 따라 '고려양高麗樣', '몽고풍蒙古風'등 크게 두 유형으로 나누어 살펴볼 수 있다.

고려양은 중세 시기 몽골에 영향을 끼친 고려의 문화를 의미한다. 고려에서의 몽골풍의 정착은 정치적 간섭 외에도 당시 여러 형태로 고려에 귀화한 몽골인들을 주축으로 빠르게 고려사회에 정착되었을 가능성이 높다. 이들을 중심으로 한 몽골 전통옷과 변발의 전파가 손쉽게 이루어졌다고 보아도 큰 무리는 없을 것이다.

고려에 원의 '몽고풍'이 성행했다면, 몽골제국에는 초원으로 끌려간 고려 공녀와 유민들이 고려의 음식문화 등 다양한 풍습을 전했으니 이를 '고려양'이라 한다. 공녀로 끌려간 이들 중에는 원의 마지막 황제인 순제의 황후가 된 여인도 있었다. 대원제국의 마지막 황후이었으며, 황태자인 아들을 통하여 초원의 북원北元시대를 열었던 기황후는 고려여인으로서 원나라에 끌려갔던 공녀였다. 그녀는 당시 황제에 버금가는 권력을 쥐고 원나라의 마지막 30년간 권부를 휘둘렀다. 이방인이 이렇게 실권을 장악하여 한 제국을 좌지우지했던 역사는 유목민족의 역사에서 거의 전무한 일이었다. 따라서 당시 고려 사회의 몽골변발 및 복식의 수용과정도 기황후의 치세와 무관하지 않다고 볼 수 있을 것이다.

고려양에 대한 기록은 원나라의 기록 곳곳에서 볼 수 있다. 고려양은 비단 복식에서만 나타나는 것은 아니라 음악을 비롯해서 생활 풍속, 음식에 이르기까지 다양하게 퍼져갔다. 이 시기 고려에서 원에 전해진 음식으로는 쌈밥과 고려 상추, 빈대떡 및 쌀떡, 떡살 그리고 만두를 포함한 고려 다식茶食, 고려 소청까지 전해졌다. 그리고 북경에는 고려인의 집단거주지인 고려정이 있었으며 초원에도 수많은 '고려성高麗城'이 형성되었다. 비록 부마국으로 강화를 맺었지만 고려와 원제국의 활발한 교류 속에서 고려의 선진문화는 더욱 빛을 발했다.

황후가 된 기씨 여인을 비롯해 수많은 고려여인이 원나라로 건너가 형성했던 고려의 문화는 "고려양"이란 이름으로 초원의 곳곳으로 퍼져나갔던 것이다. 고려여인이 원나라 황실의 주인으로 머무는 30여 년 동안 그 영향은 정치적인 부분에 그치지 않았다. 고려시대 그려진 불화들을 보면 저고리가 허리선까지 내려오는 치마저고리를 입은 사람들을 볼 수 있다. 따라서 그 양식을 입은 사람 수만 명이 원 황실의 멤버가 되면서 복식에 영향을 끼쳤다. 이것은 몽골의 전통적인 양식과 구분되는 것으로서 중국사람들은 이를 '고려양高麗樣'이라고 부른다.

반면 고려에서는 몽골풍의 변발, 몽골복식, 몽골의 관습법 등이 유행하였다. 고려 왕조는 충렬왕에서 공민왕에 이르기까지 몽골의 전통의상인 '델'을 입도록 강요받았다. 대표적인 예로 '고려사'에는 충렬왕이 볼모로 잡혀있다 고려로 돌아올 때 몽골 변발과 델을 입고 온 것을 보고 백성들이 개탄했던 일을 기록하고 있다.

한편 원에서는 고려왕실에 충렬왕부터 공민왕에 이르기까지 7대 왕조에 걸쳐 여덟 공주를 고려 왕실에 보내 몽골 습속을 따르도록 강요하였다. '고려사 충렬왕전'에는 충렬왕비 노국공주가 대신들이 보는 앞에서 충렬왕의 뺨을 때린 사건을 기록하고 있다. 원나라 공주가 고려 조정에 직간접적으로 관여했던 사건에서도 알 수 있듯이 고려에 대한 원 정부의 간섭은 실로 대단한 것이었다.

이러한 역사적 사실에서 보듯 예로부터 한국과 몽골은 문화, 역사적으로 상호 영향을 주고받은 가까운 나라였다. 20세기 들어 몽골은 1990년 러시아로부터 독립하면서 4대 부활의 기치를 높이 내걸고 있다. 칭기스칸의 부활, 문화의 부활, 문자의 부활, 실크로드의 부활이다. 최근 몽골에서 한류가 맹위를 떨치고 있다. 한국에 거주하고 있는 4만여 명의 근로자, 다문화가정, 유학생들은 말한다. 상호 유익한 양국의 관계 발전을 위해 한국에도 몽골 음악과 유목 관련 영화가 소개되어야 한다고 외친다. 그것이야 말로 아시아에서 문화적 공통점이 가장 많은 진정한 형제국가라는 것이다.

21세기 몽골은 중세 몽류의 부활을 꿈꾸고 있으며 한국은 동북아정책을 국정의 주된 핵심과제로 삼고 있다. 이러한 시점에 양국의 역사 · 문화를 밝히는 문화적인 교류는 양국의 경제적인 유대를 더욱더 확고히 해줄 것이다.

몽골인의 사람 사는 모습: 뒷간, 오줌, 불

'뒷간똥두간'을 다른 이름으로 둘러대는 관습은 동서양이나 고금을 막론하고 마찬가지이다. 지금도 우리에게 더러 쓰이는 '뒷간뒤에 있는 방'이라는 말이 있는바 이 말 또한 직설적인 표현 그것은 아닐 것이다. 우리말 사전에도 올라 있는 '똥 누러 간다'는 말 대신 '말보러 간다'는 말도 있었던 점으로 미루어 이런 말이 나오게 된 배경은 유목문화와 밀접한 관련이 있음은 확실하다.

신라시대 이전에 '뒷간'을 어떻게 불렀는지는 문헌에 전하지 않아 알 수 없다. 시대별로 살펴보면 고려시대에는 대체로 '측'으로 적었다. 삼국유사에 '측청'이라는 이름이 보인다.

고려사에 '혼'도 들어 있지만, 이는 예외적인 것이다. 조선시대에 상류층에서는 '측간'이라 불렀고, 서민들은 '뒷간'이라 불렀다. 이 밖에 '정랑', '통시', '동사', '서각', '북수간', '변소', '매화간'이라는 이름도 썼다. 그리고 궁중의 내인들은 '급한 데', '작은 집', '부정한 데' 등으로 불렀다. '뒷간'은 1459년에 나온 '월인석보'에 처음 보인다. 1489년에 간행된 '구급간이방'에도 나오며, 오늘날의 '뒷간'으로 굳어진 것은 1527년에 나온 '훈몽자회'부터이다.

우리는 '말보기'와 '몸을 고치다'의 의미와 상호간의 차이를 어렴풋이 알고 있다. 몽골어의 '몸을 고치다'는 몸에서 더러움을 버리기 위해 나타내는 표현이다. 몽골은 뒷간을 잘 쓰지 않는 민족이다. 유목민은 광활한 초원에서 똥 · 오줌을 누는데 이는 사방이 끝없이 펼쳐진 초원의 특수한 지형과 관련이 깊다. 이러한 지형적 배경 위에 생겨난 말들이 '말보기' · '몸을 고치다' · '외출하다' · '발자국 보다' · '화장실 가다'라는 완곡어이다.

특히 오늘날 몽골 여성에게 있어 '몸을 고치다'의 경우 이 말이 화장을 새롭게 한다든지 또는 화장실을 일컫는 것인지 그 경계를 정확히 알 수 없다.

또한 '말보기'는 주로 남성들이 사용하는 반면, 여성들의 경우에는 성을 구분하여 '암말 젖짜기'라는 말로 간접적으로 돌려서 표현하기도 한다. 남성의 '말보기'는 '큰 말대변'과 '작은 말소변'로 구분하지만 여성의 경우는 이를 구분하지 않는 것도 특징이다.

칭기스칸 법전인 '자삭'에는 대몽골제국의 유목 관습에 대한 조항 4조에 재와 관련된 다음과 같은 내용이 기록되어 있다. "물과 재에 오줌을 눈 자는 사형에 처한다." 오늘날 한국 관광객이 몽골에서 가장 많이 결례를 하는 것 중의 하나이다. 몽골의 전통 양요리 바베큐를 한 모닥불 위에 소변을 보는 행위인데 중세에는 사형 죄에 처해지는 가장 큰 결례이다.

칭기스칸 당시에는 한 가문의 상속자를 '화덕의 왕'이라 불렀으며 '화덕'이라는 말 자체를 집이나 가문의 대명사로 쓰기도 하였다. 따라서 불씨는 예로부터 집안의 부정을 물리치고 재운을 좌우하며 이를 죽이면 망한다고 믿었다. 따라서 불씨를 간수하는 일은 광활한 초원의 유목민에게 무엇보다 중요한 임무의 하나였다. 불은 몽골인에게 있어 매우 큰 의미를 지닌다. 몽골 유목민에게 있어 불은 재생, 진보, 씨족의 번영을 나타낸다.

몽골 국기의 맨 위에 그려져 있는 세 개의 불꽃은 몽골 민족의 과거 · 현재 · 미래의 번영을 나타낸다. 만약 게르 안 화덕의 불씨가 꺼져 이웃집에서 불씨를 빌려올 경우에는 재앙이 온다고 여겼다. 이때는 라마승을 불러 경을 읽고 덕담을 들은 후에야 불씨를 가져올 수 있었다. 이러한 습속은 지난 날 제주도에도 남아 있었다.

몽골인의 일상은 전반적으로 '오축五畜, 즉 양, 염소, 소, 말, 낙타'과 밀접한 관계에 있다. 아침에 동이 트면 오축을 멀리 18 km까지 방목시키는 것이 하루 일과의 시작이다. 마무리는 해가질 무렵 두 마리의 개가 양떼를 스스로 몰고 오기도 하지만 다른 목축의 경우는 주인이 가서 직접 몰아온다.

방목이 가능한 나이는 목축별로 다르다. 양, 염소는 1,000마리까지 10세 소년 혼자서도 방목 가능하지만 낙타, 말은 전문 사육인 1인을 포함하여 2인 이상이 참여하게 되어 있다. 유목민들은 이들 오축으로부터 부족한 비타민을 보충할 유제품을 얻고, 그것으로 차와 먹거리를 만든다. 아침 식사는 대개 우유차와 버터 등을 빵이나 과자에 발라 간단하게 요기한다. 점심과 저녁은 육포를 넣은 칼국수나 밥과 고기를 곁들인 음식을 주로 해서 먹는다. 육식이 주식인 유목민의 경우 1년간 평균 20여 마리의 양을 잡는 것이 보편적이다.

현대 도시의 음식문화는 러시아와 서구 음식이 들어와 도시 몽골인들의 식단에 많은 변화를 가져왔다. 하지만 초원 유목민의 먹거리는 아직도 13세기의 음식 문화가 고스란히 남아 있다.

목축의 젖을 이용해 만든 유제품은 아침부터 저녁까지 간식으로 애용된다.

유목민의 이동 가옥인 게르는 원형의 원룸 형태이며, 위쪽은 둥근 원추형의 모양으로 매우 단순한 형태를 지니고 있다. 일반적으로 설치하는 데는 1시간 정도 소요되며, 철거하는 데는 보다 간단하여 30분이면 충분하다. 게르의 문은 대개 남쪽으로 향하게 하며, 동, 서, 북쪽 방향으로 3개의 침대를 두는 것이 보편적이다.

초원의 몽골 유목민들은 대다수 대가족 단위로 유목생활을 영위하고 있다. 상속제도는 말자상속제도로 막내가 부모와 함께 살던 게르를 유산을 받는다. 따라서 함께 살던 장남과 차남은 혼례를 올리게 되면 부모 게르의 왼쪽, 즉 동쪽 방향으로 게르를 따로 지어주어 살게 했다.

게르 안의 침대에는 각각 간이용 커튼을 칠 수 있게 설치되어 있다. 대가족의 경우 침대는 주로 조부모나 부모 또는 가장이 사용하며, 아이들은 카페트를 바닥에 깔고 같이 자는 것이 일반적이다. 게르는 통풍이 잘되고 자연 생활에 매우 적합한 구조로 되어 있어, 보통 초원 게르에 살던 노인들은 도시 아파트 생활을 매우 답답하게 여긴다.

한편 땔감으로는 초원에 지천으로 깔려 있는 소와 말똥이 많이 쓰인다. 소똥과 말똥은 게르 정중앙의 난로 옆과 게르 옆에 항상 마른 소똥이 준비되어 있다. 일주일 이상 말려진 소똥을 땔감으로 사용하는데 소똥 두 개면 주전자 한통의 물을 끓이기에 충분하다. 말똥도 연료로 쓸 수 있으나 빨리 타버리기 때문에 많이 사용하지 않으며 주로 소똥을 사용한다. 과거 제주도에서도 1960년대 말까지 소똥을 연료로 썼다고 하니 이는 아마도 중세 시기 제주도를 점령했었던 몽골 군인들에게서 들어온 풍습이었을 것이다.

약탈혼과 장례

오늘날 서몽골 지역의 일부 소수민족 사회에서는 아직도 혼례식 때 연지를 양 볼에 바르고 예식을 치른다. 우리나라에서는 상고시대부터 중국과 몽골에서 나는 '잇꽃잎紅藍花'을 이용해 부인의 빰에 붉은 연지를 사용하였다. 한국과 몽골에서는 천지합일 부부합궁의 천신인 조화신造化神, 교화신敎化神, 치화신治化神인 삼신에게 순종을 하겠다는 표징으로 이마와 볼에 연지를 발라 왔다. 이마에 바른 곤지는 우주자연의 진리인 조화신에게 순종하겠다는 뜻이다. 우측 볼에 바른 연지는 자녀를 잘 가르치는 교화신에게 순종하겠다는 뜻이다. 좌측 볼에 바른 연지는 가정과 이웃과 더불어 공존공화하는 치화신에게 순종하겠다는 뜻으로 해석된다.

우리나라에서는 예로부터 여성이 시집갈 때 이마와 양 볼에 연지, 곤지를 모두 찍었다. 몽골에서는 오늘날 서몽골 지역의 일부 소수민족에서만 양 볼에 연지를 찍어 혼례를 올리고 있다. 우리나라와 몽골의 연지는 모두 예로부터 잡귀의 접근을 예방하거나 어떤 사람에게 예속된다는 복종 관념에서 찍기 시작했다. 민간에서의 잇꽃잎을 이용한 연지의 사용은 고려말 충렬왕이 몽고풍변발, 연지, 몽골복식을 적극적으로 수용하면서부터 동화되었다고 할 수 있다.

몽골의 고대 결혼 형태는 족외혼이 성행하였다. 친족 간이거나 공통된 먼 친족을 가진 사람들 간의 결혼은 고대 몽골인 사이에서 허용되지 않았다. 이를테면 높은 계급자들은 약탈혼으로 결혼을 하였고 다른 지방에서까지 가서 신부를 맞이하였다.

혼인형태를 볼 때 몽골의 가장 오래된 형태 중의 하나는 신부의 약탈 또는 유괴에 의한 결혼이다. 처를 얻는 이러한 형식은 분명 종종 족외혼의 요구에 따른 것으로 보여진다. 유괴는 남편이 속한 씨족의 젊은이가 모두 참가한 가운데 행해지며 이러한 유괴의 혼인형태는 근대까지도 몽골 결혼식의 일부를 이루었다.

또한 중세 몽골법은 일부다처제와 형사취수제를 친족법의 관습적 제도라고 인정하고 있다. 이에 관한 기록은 징기스칸의 '대大자삭'에서 보인다. 중세 몽골을 방문했던 플라노 카르피니와 루브루크의 '몽골기행문', 그리고 마르코폴로의 '동방견문록'에 의하면 당시 몽골인 간에는 일부다처제가 고도로 발달해 있었다. 동시에 '대자삭'에서는 이미 처 한명을 윗사람, 즉 첫째 부인으로 간주하고 있었음을 알 수 있다.

오늘날 몽골민족의 전통혼례 풍습은 혼례전 · 혼례식 · 혼례후 3단계로 나뉘어진다. 첫 번째 단계로 중매인 '다'를 통해 결혼 전 신부집에 선물을 두 차례 보낸다. 우선 신랑의 친척 서너 명이 신부집에 가서 집안의 불전佛前에 '하닥존경을 뜻하는 푸른 천'을 바치고 신부 부모에게 우유를 바치며 딸을 부탁한다고 말한다. 여기서 신부집에서 하닥을 받으면 두 번째로 신랑 아버지와 친척 2, 3명이 신부집에 가서 날짜를 정한다. 우선권은 신부 부모 쪽에 있다.

두 번째 단계는 신부를 데리고 오는 단계이다. 이 단계는 신부집에서 행하는 예식, 신부를 데리고 신부집을 떠나 신랑집으로 가는 도중에서 행하는 예식, 마지막으로 신랑집에 도착 했을 때 행해지는 행하는 예식 등 세 가지 절차로 나뉘어 진다.

몽골의 할하족은 쉽게 이혼할 수 없게 이혼법을 만들어 제재하였으며, 이혼 시에 는 계층의 차별 없이 벌에 준하여 결정하였다. 이혼한 여성은 둘로 나눈 머리를 다시 하나로 묶고, 친정집으로 돌아왔는데 이혼한 여자를 사람들이 싫어하였다. 1709년에 만들어진 '할흐 조름' 법전에 제정된 귀족에 관한 파혼의 배상금과 평민의 결혼의 보호에 관한 법률에 의하면 몽골 민족은 결혼의 약속을 귀하게 여겼음을 알 수 있다. 그들 간의 혼인은 당사자만의 개인적 성질을 띤 것이 아니라 전 씨족과 관련된 것으로 여겨졌다. 현재 그 유일한 유물은 결혼 전에 부모의 동의를 구해야 하고, 구하지 못할 경우 존속의 동의를 구해야 한다는 것이다. 여기에 비추어 볼 때 몽골 민족의 결혼은 한 가족의 행사가 아니라 전 씨족의 행사라는 것이 분명하다.

전통적으로 유목민인 몽골인의 장례풍속에는 특이한 점이 하나 있다. 초원 어디에서 봉분 형태의 무덤을 찾아볼 수 없다는 점이다. 1920년대 이후로 몽골에는 중국과 구소련의 영향으로 일부 도시에 봉분과 비석을 세운 공동묘지가 생겨났다. 일반적으로 고대 몽골의 장법은 흉노이래로 라마불교가 정착된 근대에 이르기까지 조장 및 칭기스칸의 밀장평장으로 불리기도 한다이 성행하였다. 이 외에도, 혈장穴葬, 수장樹葬등 시대별로 다양한 풍습이 나타난다.

사람이 죽으면 그 즉시 고인의 몸에 손을 대지 않으며, 애도를 표한 후 시체가 굳지 않도록 하기 위해 입에 우유를 조금씩 붓는다. 이후 고인의 눈을 감기우고, 누워 있었던 침대에 반듯하게 눕힌 후 고인의 양 손을 배위로 올려놓고 얼굴은 하닥으로, 시신은 흰색 천으로 감싼다. 아울러 집안의 물건은 외부에 내놓고 여자의 경우는 동쪽, 남자의 경우는 서쪽에 모시고 되도록 서늘한 공간에 보관한다.

그리고 가문의 존귀한 사람일수록 게르의 중앙 상석에 모신다. 건물 내에서도 고인의 머리를 집안의 북쪽으로 향하도록 한다. 그런 다음 위쪽에 고인의 영정사진을 걸어놓고 그 앞에 향을 피운다. 오늘날 도시에서는 고인의 주검을 병원 영안실에 모셨다가 발인날 아침 일찍 장지로 출발하는 경우가 흔해졌다.

주검을 모신 집안에는 거울이나 유리 같은 것을 두지 않는다. 생전에 고인이 입었던 의상은 정결하게 하여 외부에 내놓고 말리며 이때 옷깃을 고인의 사체를 안치한 집 방향을 향해 널어놓는다.

고인이 죽은 후 24시간이 지나면 불교 풍습에 따라 '황금 그릇Altan sav'을 열어야 한다. 이 의식은 라마승의 지시에 따라 고인의 영혼이 다음 세상에서는 어떤 형태로 돌아올 것인지에 관한 해석을 하는 것으로 절차에 따라 모든 것을 준비한다. 발인은 보통 3~7일이며, 일반인은 보통 3일장을 지낸다, 부모나 연장자일 때는 대개 7일장을 행하는데 발인날 시체 옆에서 큰소리로 대화하거나 서로 다투는 것 등의 행위는 일체 금한다.

죽은 이를 매장하는 날은 복된 날이라는 의미에서 월, 수, 금요일 중에 길일을 택하여 아침 일찍 또는 오전에 발인한다. 전통적 장례식은 장지로 출발할 때 고비사막 지역의 경우 시신을 낙타의 한쪽에 싣고 장지로 출발하였다. 이때 낙타의 반대쪽에는 '하르가나Hargana, 고비사막에서 자라는 식물의 한 종류'을 싣고 균형을 맞춘다. 반면 초원지역의 유목민들은 우차에 싣거나 소등, 또는 마차에 관을 실어 장지로 이동하였다. 현대에는 고인의 사체를 관에 넣고 별도 차량으로 모시고 장지로 옮긴다.

장지로 향하는 운구 행렬에는 고인의 유족과 가까운 친인척, 그리고 의례를 맡아 진행하는 라마스님만이 참석할 수 있다. 비석 위에는 고인의 성명과 생년월일, 사망 년월일을 몽골 고문자나 현대 키릴 문자 둘 중의 하나를 택하여 새긴다. 비석의 모서리는 둥글거나 날카로운 각진 형태의 두 가지이다. 그리고 티벳말로 'Maanin축복의 삶'이라는 6 글자를 새기는 것으로 고인의 축복을 기원하는 염원을 담는다. 시신을 안치한 후에는 주변을 깨끗이 청소하고 유족 모두 무덤을 3바퀴해 도는 방향으로씩 돌며 고인에 대한 명복을 빈다. 돌아가는 길에는 장지를 향해 뒤돌아보지 않고 곧바로 집으로 향한다. 마을로 돌아갈 때는 오던 길로 가지 않고 라마 스님이 지정해준 길로 돌아서 가게 된다.

마을로 돌아온 후 유족 대표자는 장례식을 치르는데 도와준 모든 이들에게 감사를 표하고 장례식의 모든 절차가 잘 마무리 되었음을 공표한다. 이때 술을 마시거나 슬픔을 애도하는 풍습은 전혀 없으며, 대신 라마스님을 모시고 불경을 읽음으로 모든 상장례 절차를 마무리 하게 된다. 그러나 요즘은 도시화 및 세계화 현상에 따라 서구 문화가 유입되면서 혼합된 형태의 장례 문화가 도입되고 있다. 이는 바로 화장火葬문화의 도입이다.

나담축제와 씨름

오늘날 몽골의 나담행사는 1990년 독립 이후 몽골인의 대표적인 민속축제로 간주될 만큼 전세계적으로 유명한 축제가 되었다. 나담의 역사는 그 시기가 흉노족까지 거슬러 올라감을 알 수 있다.

몽골의 전통적인 축제는 크게 두 가지로 나뉜다. 첫째는, '나담' 축제이고 또 하나는 정월 초하룻날 시작하여 3일간 행하여지는 '차강사르설'이다. 나담 축제는 매년 7월 11일부터 3일간 개최되고 각 지방에서는 3일째 되는 13일부터 지방 별로 2일간 나담 축제를 거행한다. 이 날은 1921년 몽골이 중국으로부터 독립한 기념일로 모든 관공서도 문을 닫고 국민 모두가 함께 기쁨을 나누는 몽골 최대 축제이다. 수도 울란바타르는 이 기간 동안 국내외 취재진들의 취재경쟁으로 북새통을 이룬다.

몽골의 나담 축제는 해마다 7월양력이 되면 11일부터 3일간 혁명기념일이자 동시에 건국기념일인 이 날을 기념하기 위하여 국민 모두가 휴가에 들어간다. 나담 행사의 개막은 몽골의 독립영웅이 안치되어 있는 종합청사 앞 수흐바타르 광장에서 10시경 건국기념일을 알리는 위원장의 독립선언문의 낭독으로 시작된다. 이어서 광장주위로 말을 탄 기병들이 칭기스칸 술드흰색은 평화, 검은색은 전쟁을 의미를 들고 사열을 하면서 건국기념 세리머니는 최고조에 달하게 된다.

광장에서 약 40분가량 걸친 개막식 행사가 끝나게 되면 행렬은 이어 곧바로 가까이에 위치해 있는 스타디움으로 옮기게 된다. 스타디움에서의 개막식 행사는 11시경 나팔소리와 함께 다양한 식순으로 이어지는데 대체로 다음과 같다. 식장 본부석에 대통령 내외가 도착하면 군악대 전주와 함께 중세 몽골제국의 위용을 재현하듯 기마병이 스타디움을 돌며 사열하게 된다. 이후 창공에서는 약 10여 명의 공수요원들이 경기장 안의 원이 그려져 있는 곳으로 낙하산을 타고 낙하지점에 안착하게 된다. 이어서 대통령의 개회식선언이 있게 되고, 앞서 벌어진 4~6세 유년부 말경주 우승자들에게 대통령이 직접 메달을 걸어주고 시상한다.

무대에서는 몽골국립예술단 소속 단원들의 개회를 알리는 장가長歌가 울려 퍼진다. 이에 발맞추어 씨름선수들이 독수리 춤을 추며 경기장으로 입장하면서 남성3종경기가 시작된다. 몽골 전통의상을 착용한 대통령 내외는 스타디움에서 씨름을 잠시 관람한 후 바로 활쏘기 대회장으로 자리를 옮긴다. 활쏘기 시합은 대통령이 도착해서 직접 시사試射한 후에야 경기가 시작된다. 시사 후 대통령이 시민들과 정겹게 악수와 담소를 나누는 모습은 외국 관광객들에게는 매우 특별하게 느껴진다. 대통령의 격의 없는 모습에 마치 초원의 인심 좋고 정겨운 유목민의 이미지를 떠올리게 할 것이다. 3일간 울란바타르 수도와 초원에는 각 게르마다 마유주와 유제품을 건네는 손길이 오가고, 초원에는 각 지방에서 기예를 겨루고자 올라온 선수들과 시민들이 어우러져 북새통을 이룬다. 말이 질주할 때마다 일어나는 먼지들에 휩싸여 초원은 그야말로 13세기 옛 전쟁터와 같은 분위기를 물씬 풍긴다.

몽골의 민속씨름은 일반적으로 성인부 씨름과 소년부 씨름으로 나누어진다. 지방나담 축제에서는 소년부 씨름이 같이 진행되고, 울란바타르 수도에서 거행되는 민속씨름에서는 성인부 씨름만 열린다. 경기운영방식은 우리의 씨름과 비교해 볼 때 샅바만 사용하지 않을 뿐 기술이 우리와 거의 같다.

지난 95, 96년, 2011년도에 한국 민속씨름협회의 초청으로 몽골 씨름단이 한국을 방문한 적이 있다. 지방과 서울에서 2차례 한국과 몽골 각 4명씩 조를 이뤄 자웅을 겨루었다. 한번은 샅바를 매고 시합하였고 한번은 샅바 없이 몽골식으로 경기를 진행하였는데 한국식으로는 우리 선수들이 모두 이겼고, 몽골식으로는 그들이 모두 이겨 결과는 무승부였다. 몽골의 씨름은 허리에 두르는 샅바만 없을 뿐 양측의 씨름기술은 거의 대동소이했다는 점에서 무척 흥미롭다.

원칙적으로 장소를 가리지 않고 초원에서 힘을 겨루는 몽골 민속씨름은 '부흐'라 하고 복장은 '조닥'이라고 부르는 짧은 상의등 부위를 1/2 정도 가리는와 '쇼닥'이라고 하는 짧은 하의, 그리고 긴 장화인 '고탈'을 신는다.

시합이 시작되면 심판들이 먼저 1차전에서 겨룰 선수들을 호명하여 이끌고 스타디움 장내에 입장한다. 몽골의 민속씨름은 체중, 등급을 가리지 않고 각 시 · 도에서 선발된 512명의 선수가 참가하여 각 고장의 명예를 걸고 기예를 벌이는데 9차전까지 2일간 토너먼트 형식으로 경기를 진행한다.

첫날은 4차전까지 진행하고 다음날 5차전부터 시작하여 최종우승자를 가리게 된다. 경기 2일째 되는 12일 경기가 끝나게 되면 씨름대회 입상자에게는 명예로운 칭호시 · 도 · 군별를 부여한다. 성적에 따라 먼저 5차전에 진출한 선수들에게는 '나칭매'이라는 호칭을, 7회전 진출자는 '장코끼리', 결승전 진출자에게는 '아르슬랑사자', 그리고 우승자에게는 '아브라가뱀, 거인'라는 칭호를 부여한다. 5년 전부터 준결승전과 8강전 사이에 새로이 '하차르가매'와 '숑호르송골매'라는 애칭이 추가되었다.

몽골 민속씨름의 경기규칙은 시간제한이 있는 우리의 씨름과는 다르다. 광활한 초원 위에서 시간제한이 없는 몽골 씨름은 늦은 저녁시간까지도 최후의 우승자가 나올 때까지 겨룬다. 지난날 결승전인 9차전에서 몇 차례나 4~5시간 이상 결승전을 치룬 적이 있다고 한다. 경기룰은 상대방의 어깨가 땅에 닿았을 때 승리하게 된다. 흥미로운 점은 승부가 결정되면 승자는 '자솔치'라는 심판으로부터 모자를 돌려받는데 이때 패자는 승자가 벌리고 있는 팔 밑으로 한바퀴 돌아 복종의 표시를 하는 것이다. 역사상 혁명 이후 지금까지 나담 축제에서 10회 이상 우승한 사람은 단 두 사람뿐이다. 총 10회를 우승한 60~70년대 씨름영웅 바얀뭉흐와 2,000년까지 몽골 역사상 가장 많은 11회를 우승한 바트에르덴이다. 남녀노소 이들을 모르는 사람들이 없을 정도로 몽골에서는 국민적 영웅으로 추앙받고 있는 인물들이다.

특이한 몽골식 작명법

최근 대한민국 국적을 취득하는 외국인이 크게 늘면서 새로운 성姓과 본本이 우후죽순처럼 생겨나고 있다. 법원행정처 사법등기국에 따르면 한국으로 귀화한 뒤 창성창본創姓創本한 외국인은 2010년 4천884명으로 전년 대비 74% 증가한 것으로 조사됐다.

이에 따라 종전에 찾아볼 수 없던 성·본이 속속 생겨나고 있다. 귀화자들은 성은 기존의 한국 성을 따르면서도 본은 자신의 모국이나 고향으로 하는 경우가 많았다. 2006년에는 몽골 김, 산동 우, 대마도 윤, 용궁 김씨, 2007년에는 기계 유, 봉황 신, 청도 후씨 등이 새로 등록됐다.

이런 현상은 무엇보다도 국제결혼 등으로 귀화자가 빠른 속도로 늘어나는데 따른 것이다. 2010년 귀화한 외국인은 49개국 2만 5천 44명으로 정부 수립 후 최대를 기록했는데, 이들의

20% 정도는 귀화 때 만드는 가족관계등록부에 본래 이름을 버리고 새로운 한국식 이름을 등록하면서 성 · 본을 만들었다. 새로운 창성창본은 한국사회가 다문화사회로 빠르게 전환하고 있음을 보여주는 지표로 귀화자가 더욱 활발히 늘어날 것으로 보인다.

고대 몽골인의 작명법은 크게 3가지로 나눌 수 있다. 첫째로, 씨족 명을 그대로 성으로 삼은 경우로 칭기스칸의 성은 '보르지긴' 씨족 명이었다. 둘째로, 직업을 그대로 자신의 성으로 삼은 경우이다. 예를 들어 나무꾼은 나무꾼을 자신의 성으로 삼았다. 셋째로, 부족의 토템을 자신의 성으로 쓰는 경우이다. 곰을 숭배하는 부족은 곰을 자신의 성으로 삼았다.

오늘날 몽골인의 인명은 다음과 같이 크게 두 가지 유형으로 나눌 수 있다. 하나는 상징적인 의미를 갖는 이름들과 다른 하나는 금기의 의미범주를 포함하는 이름들로 나누어 볼 수 있다. 몽골인의 인명은 시대별로 사회상이 반영된 특징을 보여준다. 예를 들면, 1930~40년대 출생한 사람들은 몽골의 독립영웅 또는 위인들과 관련된 이름들이 많다.

1960~70년대는 질병으로 인한 사망과 남아선호 사상에 의해 남녀간의 성별을 아예 바꾸거나 이름 앞에 나쁜 이미지의 이름을 붙이는 습성이 있었다. 이러한 풍속은 우리나라에서도 예전에 많이 썼던 작명법이다. 예를 들면 우리 나라에서는 아들을

낳으면 '개똥이'나 '짱구'로 불렸고 딸을 낳으면 '딸막' '끝순이' '후남' 등을 붙여 아들을 바라기도 했다. 이렇듯 몽골사람도 우리와 같이 천한 이름으로 다양한 복을 구하려는 인명과 시대별로 사회상을 반영한 특징적인 이름들을 즐겨 사용했음을 알 수 있다.

가. 상징적인 의미를 갖는 이름들

(1) 태어난 곳, 고향, 산과 언덕 등 출신 지역과 숭배 대상을 가리키는 이름: Altai알타이, Hangai한가이, 몽골의 조상인 흉노의 Hün사람.

(2) 강, 호수: Mörön무릉, Hövsgöl홉스굴

(3) 천체와 요일: Naran태양, Saran달

(4) 건강, 평안, 장수 기원: Enkh평화, Mend건강

(5) 숫자를 통한 장수 기원: Jarantai60, Zuunnast백세

(6) 용기와 기백, 위엄 있는 사람이 되기를 기원: Batbaatar진정한 영웅, Arslan사자

(7) 식물 이름으로 복을 기원: Urgamal식물, Tsetsegee꽃

(8) 풍부함과 부요함 상징: Bayan부자, Bayalag풍부한

(9) 아름다움, 순수, 미적가치를 나타내는 이름: Goo미, Urangoo아름다움

(10) 국가의 명예와 평화를 나타내는 이름: Tör정부, Törmönkh영

원한 정부

(11) 학식과 지혜로운 사람이 될 것을 기원하는 인명: Mergen명궁수, Oyunbat박식

(12) 자연 현상과 관계된 인명: Möngönhölög기사

(13) 여러 가지 상징적 의미를 갖는 이름들: Sainsüül좋은 꼬리

(14) 출생의 순서나 이웃집 아이와 동일한 이름을 부여하여 복을 구하려는 인명: Altantogoo황금솥, Hosbayar동일한 기쁨

(15) 쌍둥이를 뜻하는 이름: Ijiltsetseg같은 꽃, Anudari옥보살

나. 금기의 의미범주를 나타내는 이름들

(1) 성性을 바꾸거나 이름 앞에 나쁜 이미지를 덧붙여 복을 구하는 인명: Ohin딸, Hüühenhüü부인아들, Muu hüü나쁜 아들, Muu ohin나쁜 딸

(2) 성인 또는 위인들의 이름으로 자녀에게 이름 짓는 것을 금하는 인명: Chinggis Khan칭기스칸, Bogd Gegeen활불

(3) 천한 이름으로 액운을 막거나 복을 구하려는 인명: Enebish이거 아니야, Terbish그거 아니야, Hünbish사람 아니야, Basbish역시 아니야, Hench bish누구도 아니야, Gölög강아지, Nohoi개, Orogdol집 나간이, sheesmaa소변

위에서 보듯이 몽골의 작명 기준에는 '자연과 신에 대한 존

경', '우주와 인간의 상호소통'이라는 사고방식이 그 바탕을 이루고 있음을 알 수 있다. 자녀를 죽음이나 질병 등의 액운으로부터 보호하기 위해 고의로 하찮은 이름을 덧붙여 줌으로써 복을 구하는 완곡한 인명이다. 사람人 의미를 지닌 인명과 천한 이름으로 액운을 막거나 복을 구하려는 인명은 한·몽 양국의 작명관이 일치한다.

색깔 입은 몽골 음식

몽골의 음식은 음식을 색깔별로 분류하여 다섯 가지로 나눈다. 육류를 뜻하는 올랑이데적색음식와 유제품인 '차강이데백색식품'이 그들의 주식이다. 이외에도 곡류를 뜻하는 '샤르이데황색음식'와 차를 뜻하는 '하르이데흑색음식', 그리고 채소류를 뜻하는 '너겅이데녹색음식'이 있다.

최근 한류와 함께 한국 음식 중 몽골 초원에서 맹위를 떨치고 있는 것이 하나 있다. 바로 김치이다. 지방의 유목민들까지 김치를 고기와 곁들여 먹는 것이 유행이 되었다고 한다. 여기에는 약 3천명에 달하는 교민들이 일익을 담당하고 있다. 고기와 김치 한 점을 곁들여 먹는 것이 최상의 궁합이라는 것이 알려지기 시작하면서 몽골인들도 채소를 즐겨먹기 시작했다고 한다. 이는 유목문화와 농경문화가 음식으로 융합된 대표적인 사례라 할 수 있을 것이다.

이와는 정반대로 문화적 차이로 인한 황당한 사건이 몇 년 전 울란바타르의 한 한인식당에서 발생하기도 했다. 사건의 개요는 이렇다. 한국 식당 주인이 몽골 종업원들에게 점심식사로 누룽지를 준 것이 발단이 됐다. 식당주인은 대수롭지 않게 한국의 귀한 별미라고 주었으나 종업원들은 우리가 찌꺼기나 먹는 개냐고 하며 한국인 주인을 고소했다. 이유는 간단하다. 그들은 누룽지를 우유를 끓이고 남은 찌꺼기로 생각했던 것이다. 몽골인은 우유 찌꺼기를 버리거나 개에게 던져주는 풍습에서 동일하게 누룽지를 밥찌꺼기로 여겼던 것이다.

최근의 한류와는 반대로 중세에는 몽류와 함께 몽골제국의 음식들이 고려에 유입되었던 역사가 있다. 중세 시기 지구의 절반을 정복한 몽골과 만주족에게서 유래한 음식으로 청국장, 순대 곱창, 설렁탕, 육포, 치즈, 칼국수 등을 들 수 있다. 이중 대부분은 몽골에서 들어온 음식들이고 청국장은 몽골과 만주족에게서 유입된 음식으로 알려져 있다.

청국장은 예로부터 만주족이 삶은 콩을 말안장 밑에 놓고 나니면서 자연스럽게 발효시킨 음식이었다. 삶은 콩을 발효시키는데 있어 최적의 온도는 43도에서 44도인데 말의 등 온도가 여기에 해당되었으니 기마민족의 삶의 지혜가 돋보인다.

칼국수의 경우는 우리나라의 조리법과 재료, 도구에 이르기까지 거의 같다는 점에서 민속학적으로 어느 민족보다 유사성이 많은 민족으로 관심의 대상이 되어 왔다. 또한 육포의 경우 건조시키는 기간에 따라 3가지 용도로 분류된다.

첫째는 6개월 가량 말린 것으로 주로 칼국수에 사용된다. 둘째는 1년 정도 말린 것인데 이것은 대개 여행 중 끓는 물에 넣어 마시는 설렁탕의 용도로 쓰인다. 셋째로 2년간 말린 육포는 약용으로도 쓰일 만큼 몽의학의 약재로 사용된다.

한편 2011년 1월에 인터넷에 올라온 글 가운데 외국인들이 혐오하는 한국음식 7가지가 소개되어 세인들의 관심을 집중시킨 바 있다. 한국인이 즐겨먹는 삭힌 홍어, 돼지 껍데기, 곱창, 순대, 번데기, 닭발, 산낙지가 선정되어 매스미디어에서 큰 반향을 불러 일으켰다. 이들 음식 가운데 몽골과 관련된 것으로 곱창과 순대를 들 수 있다.

기성용과 기보배의 몽골 인연

친밀한 인척관계를 바탕으로 한 오랜 역사의 토대 위에 한 · 몽 양국은 흔히 '동북아문화공동체'라는 용어를 많이 사용한다. 그러나 현재 한국과 몽골 양국간 얼마나 많은 사람들이 진정으로 양국 '문화공동체'에 관심을 두고 있을까. 앞으로 이에 대한 관심이 매우 높아져야 한다. 그래야 한국과 몽골의 미래 지향적 발전을 기약할 수 있을 것이다. 현재 한류는 몽골 고원을 뛰어

넘어 홍콩과 대만, 베트남, 중국 등 동남아까지 거센 물결을 일으키고 있다. 급속한 산업화가 초래한 몽골 내의 문화적 충격과 혼란을 동일한 정서를 갖고 있는 한국풍의 문화가 완충역할을 하고 있는 것이다.

오늘날 한 · 몽 양국에 불고 있는 대중문화도 결국은 전통문화를 기초로 하고 있는 경우가 많다. 따라서 과거와 미래를 연결해주는 한 · 몽 "역사 · 테마관광지"의 개발은 큰 의의를 갖는다 하겠다.

예컨대, 한국에서는 1231년 고려를 침략했던 몽골군을 용인시 처인성에서 패퇴시켰던 역사를 기념하는 처인성문화제가 매년 개최되고 있다. 몽골에서는 고도 하라호름시에 원나라의 마지막 황제인 순제와 고려여인인 기황후를 기념하는 역사박물관이 좋은 예이다.

따라서 향후 좀 더 발전적인 양국의 우호증진을 위하여 한 · 몽 상호간의 적극적이고도 실질적인 문화의 이해가 필요하다. 이를 위해서는 관광명소의 개발과 독특한 유목문화를 가지고 있는 몽골의 특성을 살릴 수 있는 문화 상품 개발이 요구되는 시점에 있다.

1990년 러시아로부터 독립 이후 역대 몽골 대통령들은 몽골 전통예술을 발전시키는 일에 역점을 두고 있다. 국립 교향악단을 설립하고 다양한 프로그램을 통해 청소년들에게 전통음악과

무용을 배울 수 있는 많은 기회를 제공하고 있다. 그 결과 전통 악기인 마두금, 장가, 후미höömii, 비옐게bielgee, 어깨춤, 횡적 피리 연주의 순환호흡 등이 최근 유네스코의 세계 무형유산으로 지정되었다.

몽골은 1990년 이전까지 사회주의 나라에 속하였고 1940년부터 구소련에서 음악전문가들이 들어와 예술협회들에서 서양 문화를 가르치기 시작했다. 1957~1958년에는 예술학교를 설립하고 이를 1963년부터 '음악무용 중학교' 라고 불렀다. 이후 '음악무용컬리지'를 설립하고 2003년부터 학사학위를 가진 전문 예술인을 배출하기 시작하였다.

1990년 양국의 수교와 함께 최근 양국의 예술문화교류가 빠른 속도로 확대되고 있다. 일례로 한국의 예술영재교육원과 국악협회가 한 · 몽간 음악부문에서의 교류를 주도하고 있다. 이들 기관들은 몽골 예술영재들을 초청하는 일과 매년 국제학술회의에 몽골 학자들을 초청하는 등 활발한 예술교류를 이끌고 있다.

현재 영국에서 유럽파 선수 중 자존심을 지키며 한국인의 기개를 떨치고 있는 선수가 한 명 있다. 바로 셀틱의 기성용22이다. 기성용은 셀틱으로 이적한 후 한동안은 포지션 부적응과 감독과의 의견마찰 등 과도기를 거쳤지만 모든 우려를 떨쳐내고 팀 내 최고의 활약을 펼치고 있다. 팀의 중심선수로 거듭나 이제는 셀틱에서는 없어서는 안 될 선수가 됐다.

2011~12 시즌 기성용은 셀틱에서 총 19경기에 나서 6골 5도움이라는 빼어난 활약을 펼치고 있다. 한국인 유럽파 선수 중 붙박이 주전이라고 불릴 만한 선수는 기성용이 유일할 정도로 그는 팀의 중심으로 군림하고 있다.

올해 유럽파 선수 중 최고의 활약을 한 기성용에게 대한축구협회는 올해의 선수상을 수여했다. 또 셀틱에서의 활약에 힘입어 벌써부터 기성용은 다른 유럽 명문 클럽들의 러브콜을 받고 있다.

또한 행주 기씨의 후손으로 또 한 명의 스포츠 스타가 있다. 바로 여자 양궁 국가대표인 기보배이다. 기보배는 2010년 아시안게임 때 여자 단체전 8강전에서 몽골 양궁팀과 겨루어 4강전에 진출하였다. 기성용과 기보배의 몽골 인연은 지금으로부터 700년 전으로 거슬러 올라간다. 대원제국의 마지막 황후이었으며, 황태자인 아들을 통하여 초원의 북원시대를 열었던 행주 기씨 기황후는 고려여인으로서 원나라에 끌려갔던 공녀였다. 공녀출신에서 원의 마지막 황제의 황후가 된 그녀는 당시 황제에 버금가는 권력을 쥐고 원나라의 마지막 30년간 권부를 휘둘렀던 여인이었다. 이방인이 이렇게 실권을 장악하여 한 제국을 좌지우지했던 역사는 유목민족의 역사에서 거의 전무한 일이었다.

원 궁중의 공녀로 끌려갔던 그녀가 어떻게 황후의 자리까지 오르게 되었을까? 공녀 선발은 충렬왕부터 공민왕에 이르기까지 7대 왕조에 걸쳐 해마다 1년에 한 두 차례 14~16세 소녀 400~500명을 원의 요청에 의해 보내졌다. 고려에서는 공녀를 뽑기 위해 '과부처녀추고별감' 이라는 특별관청을 설치, 죄인의 딸, 금품제공, 무차별적인 납치 등의 방법으로 공녀를 징발하였다.

이때 고려 민간에서는 원으로 끌려가지 않기 위해 여자들이 남장을 하고 다니는 것이 유행이 되기도 하였다. 이들을 가리켜 '가시네가짜 사내아이의 준말'라고 한데서 사회적으로 새로운 신조어가 등장하기도 하였다. 이들 공녀들을 몽골 집정 대신들에게 배필로 삼게 하였으며, 이러한 유화정책은 결과적으로 원의 집정 세력을 끌어안아 한때 북경의 고관, 귀인들은 고려의 여자와 결혼하여야 명가가 된다는 관습까지 생기게 되었다.

당시 고려인들이 공녀로 징발되는 것을 얼마나 두려워했는지 그 참혹한 상황이 잘 드러나 있다. 80년에 걸쳐 수만 명이 자신의 의지와는 무관하게 징발되었으나 기황후는 이것을 숙명으로 받아들였다. 원 황실에 포진한 고려 출신 환관들의 대표였던 고용보는 기씨 소녀 같은 인물이 꼭 필요했다. 기씨 소녀라면 황제인 순제1320~1370를 자신의 야욕을 펼칠 수 있으리라 판단하고 그녀를 순제의 다과를 시봉하는 궁녀로 만들었다.

원실의 궁인으로 있던 중 전란으로 인해 궁궐이 불타 피난길에 올랐을 때 기씨는 불타는 궁궐 속에서 마지막까지 왕실의 귀중품을 챙겼다. 그녀는 이때 순제의 눈에 띄어 결국 몽골인 이외에는 황후로 삼지 말라는 가훈을 깨트리고 제 2황후에 책봉되었다.

원사元史'후비열전'에는 기황후가 '순제를 모시면서 비妃:기씨의 천성이 총명해 갈수록 총애를 받았다'고 기록한 것처럼 그녀는 곧 순제를 사로잡았다. 여기에는 고려에 대한 순제의 남다른 추억도 작용했다. 원 말기 원궁실에서는 내시들과 관련된 내란이 일어나 토곤 테무르 세자는 11세 때 자신의 내시, 유모와 함께 고려 대청도로 피신 약 1년 5개월간 숨어 지냈다. 인천 앞의 대청도는 고려시대 원나라의 유배지로 쓰인 곳이다. 이 섬에는 아직도 그때 당시 순제가 이용했던 우물이 남아있다.

명종의 장자로서 황태자였던 토곤 테무르가 1330년 7월 원 황실 내부의 싸움에 패배해 인천 서쪽 대청도에 유배되어 1년 5개월을 머물고 나서 귀국 후 2년 만에 황제에 즉위하였다. 고려의 작은 섬에 유배되었던 기억은 어려운 시절에 대한 향수와 어우러져 기씨에 대한 호감으로 작용했던 것이다.

기씨는 공녀로 징발돼 원나라에 끌려가 궁중에서 차 따르는 일을 하였다. 고려인들은 신분에 따라 극소수가 원의 제왕이나 고위 관직의 처첩이 되었다. 대부분 궁중의 시녀로서 허드렛일을 하며 일생을 보내거나 더 심한 경우는 술집으로 끌려가기도 했다. 원은 공녀뿐 아니라 고려 출신의 환관들도 상당수 요구했다. 그 이유는 무엇일까? 몽골인들은 몽골인 지상주의 원칙하에 통치하면서 최상 신분층은 몽골인, 중상층은 색목인, 하층부류는 한인을 두었다. 중국의 강남 출신들의 학문적인 소양과 정치적인 경륜을 중시하여 등용한 것이다. 원 세조는 고려인이 우수한 민족이라고 기술할 만큼 고려인은 3등급 이상의 대우를 받았다. 그들은 한자를 알고 기본적인 학문의 소양을 갖춘 고려인을 황궁 안에 두기위해 끊임없이 환관과 공녀를 요구했다.

원나라는 1275년 이래 80여 년에 걸쳐 계속 공녀를 요구해 왔다. 나중에는 고려여인을 아내로 갖는 것이 원나라 대신들 사이에 일종의 유행처럼 되었다. 원 조정뿐만 아니라 원나라의 대신들, 관료, 장군들이 개인적으로 공녀를 요구하기까지에 이른다. 순제는 총명하고 지혜로운 공녀 기씨를 매우 총애했다. 기씨 공녀가 황제의 사랑을 받자 당시 제1황후였던 타나쉬르는 기씨를 매우 질투했다. 야사의 기록에는 채찍으로 때릴 뿐 아니라 인두로 몸을 지지기까지 했다고 적고 있다.

그런데 1335년, 원 황실에 커다란 정변이 일어났다. 타나쉬르 황후의 형제들이 순제에 대한 모반사건을 일으키고 타나쉬르 황후도 이 사건에 얽혔다는 이유로 사약을 받아 세상을 뜨게 되었다. 1339년 기씨 궁녀는 드디어 원제국의 황후가 되었는데, 그것은 신분 등급이 엄격한 몽골사회에서 "몽골족이 아니면 황후의 자리에 오를 수 없다"는 규칙을 깬 파격적인 일이었다. 기황후는 이후 25년 간 제2 황후의 자리에 있다가 1365년 제1 황후가 세상을 뜨자 제1 황후의 자리에 까지 오르게 된다.

공녀출신에서 원의 마지막 황제의 황후가 된 그녀는 당시 황제에 버금가는 권력을 쥐고 원나라의 마지막 30년간 권부를 휘둘렀던 여인이었다. 이방인이 이렇게 실권을 장악하여 한 고려말 원의 내정간섭과 감시, 원 · 명 교체기의 혼란 등 약 30년간 제국의 말기를 집권하였던 기황후의 생애에 대한 기록은 오늘날 거의 전하지 않는다. 연천읍 야산에 기황후의 능이 있다고 하나 이 또한 일제강점기 때 일본인들에 의해, 6 · 25때는 러시아인들에 의해 두 차례나 도굴되었다고 한다.

이제까지의 기황후에 대한 서술은 고려사와 원사의 기록에서 보듯이 원의 멸망을 초래하게 한 원인의 하나가 되고 말았다는 부정적인 기술을 보이고 있다. 그러나 원제국 말기의 역사 중 가장 많은 비중을 차지하고 있는 것이 기황후의 치적이다. 기황후의 생애에 관해 확실한 것은 알 수 없으나 제국의 30년이라는 시간으로 볼 때 이는 분명히 재조명되어야 할 사실을 말해주는 것이기도 하다.

미래지향적 한–몽관계의 발전을 향해

최근 들어 몽골인의 한국어 가능 인구가 2만 명이 넘을 정도로 한국에 대한 관심이 높아져 가고 있다. 이는 2012년 현재 몽골인구 300만명 중 2%에 해당하는 인구이다. 한국에서도 지난 20년간 몽골어과가 두 개 대학교에 개설되고 수많은 졸업생이 배출될 만큼 두 나라의 교류도 수준이 높아지고 활기를 띠고 있다.

그 결과 한 · 몽 수교 22주년이 되어가는 지금 사회 전반적인 분야에서의 인적 교류 및 협력이 이루어지고 있다. 하지만 아직도 많은 사람들이 양국 간의 실제적인 공동 협력 시스템의 도입을 요구하고 있다. 이는 지금까지의 경험을 토대로 몽골에 몽골인들을 위한 한국의 문화나 사회 등을 체계적으로 소개하고 관리해 주는 학술단체나 채널이 없었기 때문이다. 인적교류에 있어서도 취업 후 귀국하는 몽골 근로자들에 대한 체계적인 지원도 미비하다.

그동안 사회, 문화의 제반 분야에서 몽골 접근법은 많은 학자나 전문가들이 보고서나 논저들로 제시한 바 있다. 특히 예술문화 방면에서 종래 많은 논의가 이루어졌다. 그러나 각기 제기된 안의 최종실행과 문화행사들은 거의 단발성 행사로 종결된 경우가 대부분이다.

이러한 원인은 일원화된 전문 학술단체나 기관을 통하지 않고 양국 수교 이후 수많은 몽골 관련 협회가 우후죽순 생겨난 데서 초래된 결과이다. 또한 몽골의 특유성에 대한 이해를 토대로 하지 않은 채 자신들만의 방법론에 입각해 계획을 입안하고 실행했기 때문이라고 할 수 있다.

따라서 향후 두 나라의 공동 협력을 원활하게 하는 기반을 마련하기 위해서는 이를 체계적으로 관리하고 지원하는 기관이나 학술단체가 반드시 필요하다. 예컨대, 양국의 역사적, 문화적 관계를 통해 볼 때 이들을 한데 묶어 체계적으로 관리할 수 있는 한국문화원의 존재가 필요하다.

한국과 몽골은 세계에서 문화공동체를 이룰 수 있는 유일한 나라이다. 한류가 맹위를 떨치고 있고, 실제 몽골만큼 아시아에서 한국에 대한 연구가 성숙해져 있는 나라가 없다. 바로 이 점에서 한국문화원 설립을 정부가 적극 지원하는 방안이 고려돼야 한다고 본다.

4장 새롭게 읽는 몽골의 문화코드

김장구 (동국대학교)

유목민과 세계사의 흐름

유라시아 대륙에는 아주 다양한 자연환경이 존재한다. 그 중 북부에는 동쪽의 만주 평원에서부터 서쪽의 헝가리 판노니아 평원까지 광활한 초원지대가 길게 펼쳐진다. 이 초원지대 바로 위에는 울창한 삼림지대인 타이가가 있다. 그 너머에는 순록유목민이 사는 동토지대인 툰드라가 있다. 그리고 초원지대 아래에는 고비 · 타클라마칸 · 아라비아 사막 등이 나란히 평행선을 이루고 있다. 바로 이 사막지대 아래에 기원전 2000년경 유목遊牧이라는 생산경제가 생긴 이래 유목민과 대립과 항쟁을 계속해 온 정주민들이 살고 있다. 이들 정주민은 유목민이 생겨난 후부터 17~8세기까지 대략 3~4천년 동안 군사적으로 열세에 놓여 있었다. 따라서 정주민은 늘 유목민의 위협과 침략에 시달려야 했다. 그렇지만 한편으로는 유목민의 침략에 대응할 수 있는 전략과 정책을 세우기도 했으며, 때로는 유목민을 제압하려 시도하거나 내부 분열을 조장하기도 하였다.

또 한편으로는 수천 년 동안 유목민에 관한 많은 기록을 남겨 그들에 대한 편향되고 왜곡된 이미지를 만들어 냈다. 게다가 15~6세기 이후 유럽은 유목민과 동양을 야만시하면서 서구문명을 유일한 존재가치로 선전하였다. 이 과정에서 유목민의 역사는 철저하게 왜곡 · 무시되었고 세계사의 변두리로 밀려났다. 바로 이 점은 유럽문명이 전근대에 얼마나 보잘 것 없었는가를 역설적으로 보여주는 것이다. 예를 들어 1492년 콜럼부스의 지리상의 발견은 그가 새로운 세계를 개척하기 위해 바다로 나아간 것이 아니었다. 단지 그는 엄청난 보화와 물산으로 넘치는 몽골제국의 수도 칸발릭지금의 북경으로 가고자 했던 것이다. 이 과정에서 우연히 아메리카 대륙에 도착했고 이 후 유럽은 거인으로 성장할 발판을 얻게 되었다. 그러나 콜럼부스는 죽을 때까지 그

곳을 몽골제국의 대칸이 지배하는 인도의 한 지역으로 알았다. 그래서 그 섬은 지금도 서인도제도西印度諸島라고 불리고 있다.

이 후 유럽 열강은 중앙아시아에 경쟁적으로 군대와 탐험대를 파견하였다. 이 과정에서 근대 지리학과 고고학이 전에 없는 발전을 거듭하였다. 이들은 초원의 고대 무덤을 발굴하여 유목민이 남긴 황금보화와 유물을 자국으로 실어 날랐다. 심지어 사막과 오아시스에 남아있던 동굴벽화를 통째로 뜯어가기도 했다. 이렇게 해서 프랑스 · 영국 · 독일 · 러시아의 박물관은 풍부하고 아름다운 유물들을 수장하게 되었다. 예를 들어 '칭기스칸 비석'은 몽골이 아니라 러시아의 에르미타지 미술관에 가야 볼 수 있고, 돈황敦煌에 있던 위구르인들이 남긴 벽화는 독일 베를린에 가야만 그 정수를 볼 수 있다.

그러면 유목민들이 세계사에 끼친 영향은 왜 항상 부정적이고 파괴적이고 잔혹하다는 평가를 받는가? 그 이유는 아주 간단하다. 오늘날에도 세계사 책은 정주민들이 쓰고 있고, 또 대부분 서구인의 시각에서 바라보고 있기 때문이다. 물론 몽골을 비롯한 유목민들이 역사에서 부정적인 역할을 했던 것은 사실이다. 그러나 정주민들도 그에 못지않게 부정적인 면을 지니고 있다. 가까운 예로 히틀러의 유태인 학살, 미국의 히로시마 원폭 투하 그리고 1, 2차 세계대전은 모두 '문명 정주민'이 일으킨 것이다.

왜 칭기스칸은 중앙아시아 원정에서 많아야 2~3만 명도

살 수 없는 오아시스 도시에서 2~3백만 명을 살육한 '무자비한 야만인'으로 기록되었는가? 예를 들면, 이슬람 측의 기록에는 메르브에서 70~130만, 니샤푸르에서 170만, 헤라트에서 160~240만 명이 학살당했다고 한다. 물론 정복과정에서 많은 수의 정주민이 희생당한 것은 사실이었지만 이러한 수치는 지나치게 과장된 것이다. 즉 항복하지 않고 끝까지 저항하는 한 도시의 주민을 몰살시킨 후 '공포의 효과'를 노려 스스로 10배 정도 과장하였다. 여기에 현지 역사가들이 몽골군의 잔혹성을 알리기 위해 다시 10배 과장하여 기록했던 것이다.

유목민들은 더 좋은 초원을 차지하고 유목세계의 패권을 장악하기 위해 서로에게 많은 희생을 요구했다. 전쟁에서 패배한 유목민족의 일부는 승리한 지배집단에 복속하기도 하지만, 일부는 초원의 주변으로 쫓겨났다. 이런 유목민의 이동은 주변 정주민의 역사에도 깊은 영향과 흔적을 남기게 되었다. 예를 들면, 흉노匈奴, 투르크突厥, 몽골蒙古등 유목민족이 주변으로 이동함으로써 훈족의 동유럽 정복, 중앙아시아의 투르크화, 몽골제국의 성립 등 새로운 변화가 일어났다. 이런 변화와 영향으로 동·서양이 일체화되어 처음으로 진정한 의미의 '세계사'가 성립되었다.

'흉노匈奴'는 누구인가?

역사학자들은 주로 정주농경민의 역사를 연구해 왔다. 그 중에서도 유럽과 중국의 역사에 깊은 관심을 기울여 왔다. 그 결과 유럽과 중국을 제외한 다른 지역과 민족의 역사에 대해서는 잘 알지도 못하며, 큰 관심도 기울이지 않았다. 특히 세계사를 동양과 서양의 역사로 나누어 이해했기 때문에, 그 중간에 위치한 중앙아시아 유목민의 역사세계는 늘 관심 밖에 놓일 수밖에 없었다. 게다가 가끔 세계사의 무대에 등장하는 유목민들은 정주세계를 위협하는 '야만인'의 모습으로 묘사되었다. 이러한 단편적이고 잘못된 인식은 흉노, 투르크돌궐, 몽골인 등 유목민과 그들의 역사문화에 대한 올바른 이해를 가로막는 장애가 되었다.

알기 쉬운 예를 들어 보자. 헐리우드에서 만든 '뮬란Mulan, 花木蘭'이라는 만화영화가 있다. 이 영화에서 말하고자하는 것은 '야만족' 흉노가 '선량한' 한족漢族을 일방적으로 침략하고 괴롭히는 악한 존재라는 것이다. 이 영화를 본 사람은 누구나 그렇게 생각했을 것이다. 과연 이 시각은 진실일까? 한족의 입장에서는 분명히 진실일 것이다. 그러면 흉노의 입장에서 본다면 어땠을까? 아마도 그 반대일 것이다. 한족은 군사력에서 열세였기 때문에 곡식, 비단과 보석 등으로 이간질하여 흉노의 분열을 꾀했다. 한족이 제공하는 물자에 현혹된 일부 흉노인들은 만리장성 근처로 옮겨가서 비교적 풍요로운 삶을 영위했다. 그 다음에는 한족의 노예가 되어 더 북쪽에 있던 '야만인' 흉노를 공격하였고, 결국 흉노 세력은 약화되어 모두 흩어지게 된다.

그러나 '흉노제국匈奴帝國'연구에는 근본적인 한계가 존재한다. 그들은 스스로 기록을 남지지 않았기 때문이다. 흉노에 대해 우리가 알 수 있는 기록은 대부분 남쪽 이웃인 중국에서 남긴 것이다. 지금까지 흉노연구는 중국 측 문헌기록을 통해 이루어졌다. 그러나 흉노와 적대관계에 있던 중국인들이 남긴 기록이기 때문에, 중국 중심의 역사인식에서 생겨난 흉노에 대한 부정적이며 편견에 사로잡힌 서술이 많을 수밖에 없는 한계를 지니고 있다. 그리고 일부 연구는 흉노 그 자체로서가 아니라 중국과의 관계에서만 가치를 갖게 된다는 잘못된 인식을 심어주었다.

정주민들이 남긴 기록만을 이용하여 유목민의 역사를 연구하는 것은 더 이상 보편적인 가치를 가질 수 없다. 물론 정주민들이 남긴 역사기록이 중요한 것은 분명하다. 그러나 자신의 목소리가 담긴 유목민의 기록이 더 중요하다는 것은 두말할 나위가 없는 것이다. 따라서 최근 투르크, 거란, 몽골, 만주 등 비교적 풍부한 문자기록을 남긴 유목민의 역사에 대한 연구가 활발하게 진행되는 것은 매우 의미 있는 일이다.

다행스러운 것은, 흉노인이 문자기록을 남기지 않았지만 그들의 모습을 정확하고 생생하게 보여주는 유물과 유적을 많이 남겨 놓은 것이다. 따라서 흉노의 실체를 보다 정확하게 파악하고 이해하고자 한다면, 역사기록에 대한 치밀한 비판적 연구와 더불어 고고학 발굴을 통해 얻는 유적과 유물에 대한 과학적이고 객관적인 연구가 함께 진행되어야 할 것이다.

유목민의 역사를 연구하는 데 역사학 연구와 동등한 가치를 갖는 학문 분야는 고고학 연구이다. 특히 중앙아시아의 초원은 유목민의 삶의 터전이자 또한 역사책 그 자체라고 말할 수 있다. 흉노 고고학은 정주민이 남긴 기록으로는 알 수없는 유목민의 참된 모습을 확인하는 지름길이다. 러시아의 코즐로프P.K. Kozlov가 발굴한 것으로 유명한 노인 울라 흉노고분군은 그 대표적인 예이다.

최근 흉노연구에 주목할 만한 새로운 흐름으로 기존의 정주민의 시각이나 중국 중심의 인식에서 벗어난 성과들이 나타나기 시작했다. 즉 흉노 입장에서 기존의 사료를 재해석하려는 흐름이다. 다른 하나의 흐름은 흉노와 서방과의 문화교류에 대한 연구이다. 한국, 중국, 일본 등 동아시아 삼국은 오랜 동안 흉노문화가 중국 것보다 뒤떨어진 것으로 인식하고 있었다. 아울러 흉노 역사세계에 우수한 중국문화가 광범위하게 보급되었을 것이라는 선입견을 갖고 있다. 이러한 인식의 배경은 정주민의 문화가 유목민의 문화보다 우월하다는 고정관념에서 비롯된 것이다. 흉노 고분에서 발굴된 유물은 중국 제품뿐 아니라 멀리 그리스 기원의 '그리핀Griffin'도상 카펫도 함께 출토되었으며, 최근 발굴에서는 서방에서 직수입된 것으로 보이는 은제원반이 출토되어 흉노가 활발하게 대외 교류를 했음을 보여주고 있다.

흉노연구는 이러한 역사학의 새로운 해석, 고고학 연구, 고고미술사 연구, 복식문화 연구, 체질 인류학 등 다양한 학문 사이에 공동연구가 진행되어야 할 것이다. 한 가지 유의할 점은 아전인수 격의 연구는 지양되어야 하며, 보다 객관적이고 과학적인 연구 자세가 필요하다는 것이다. 극히 일부에서 행해지고 있는 교조적인 연구는 흉노에 대한 올바른 이해에 도움이 되지 못할 뿐 아니라 역사왜곡으로 이어질 위험을 내포하고 있기 때문이다.

몽골과 칭기스칸

흉노의 뒤를 이어 북아시아에는 선비鮮卑, 유연柔然, 투르크突厥, 거란契丹등 유목세력이 활약하다가 사라지곤 했다. 이후 몽골이 통일할 때까지 오랜 동안 초원은 힘의 공백지대가 되었다. 10세기 초에 키르기스가 몽골고원에 대한 관심을 잃고 남부시베리아의 고향으로 물러나고, 거란도 중국의 왕조遼로 변화하면서 몽골고원에 대한 관심을 잃자, 몽골고원은 어떤 거대한 부족에 의한 정치적 통합이나 문화적 활력을 얻지 못한 투르크 유목민들의 땅으로 변해 버렸다. 그럼에도 불구하고, 그러한 역사의 흐름은 거기에 살고 있는 부족들에게 다양한 영향을 끼쳤다. 교역이 사라지지 않는 이상 중앙아시아의 지리 · 경제적인 위치로 인해 몽골고원을 통한 장거리무역은 계속 이어졌다. 이러한 상황은 테무진, 훗날의 칭기스칸이 등장한 12세기 후반까지 계속되었다.

중국측 기록에는 몽골인의 조상에 대해 '몽올실위蒙兀室韋', '몽와실위蒙瓦室韋', '맹고萌古', '맹골자盲骨子', '몽고蒙古'등으로 다양하게 적고 있다. 이들은 9세기 중반 위구르제국의 멸망840년으로 초원이 불안정 할 때 남하하여 몽골초원 동부 변경에 거주하기 시작하였다. 이후 이들은 서서히 오늘날 '오논', '케룰렌', '톨라' 강이 발원하는 '삼하三河'유역으로 이동하였고, 이 무렵 경제적으로 유목사회로 변화한 것으로 보인다. 이 무렵 몽골고원 주변에는 '나이만', '케레이트', '타타르' 등 비교적 강대한 부족들과 오이라트 · 메르키트 · 몽골 등 비교적 미약한 부족 등 다양한 투르크 · 몽골 계통의 유목민이 살고 있었다. 사회경제가 유목으로 변화되면서 유목사회 내부에서 계층분화가 일어난 것도 당시 기록을 통해 알 수 있다. 즉 귀족계급noyan, 일반유목민qaraču, 노예boyol등이다. 이러한 불안한 상황에서 연령별 결사라 할 수 있는 안다anda, 누쿠르nökör등도 출현한다.

몽골부는 이미 칭기스칸의 증조부 카불 칸 대에 한 번 통일했으나, 금金과 타타르의 연합공격으로 무너진 뒤 칭기스칸의 아버지 이수게이는 일개 바아투르bayatur, 용사에 불과했다. 이수게이가 1170년 타타르에게 독살 당하자 몽골 부족은 산산이 흩어져 버리게 되었다. 1189년 제1차 즉위로 테무진은 몽골부를 재통일하고 서서히 주변으로 세력을 확대하면서 몽골 울루스Mongol ulus, 몽골국를 조직하고, 마침내 1206년 오논 강 상류에서 제2차 즉위식을 거행함으로써 '칭기스칸Chinggis qan'이라는 칭호를 얻게 된다. 그는 고대 유목국가의 취약성을 파악하고 군대를 천호千戶로 재편하고 그 장을 자신이 직접 임명하였다. 그리고 만호장과 천호장의 자제들을 '숙위宿衛'로 삼아 '케식텐keshigten, 친위대'으로 조직했다. 이렇게 칭기스칸에 의해 정예 기마유목군대로 편성된 몽골군은 북중국과 중앙아시아를 공격하기 시작했다.

1227년, 일생을 전쟁으로 보낸 칭기스칸이 죽고 1229년, 셋째 아들인 우구데이가 대칸qa'an으로 선출되었다. 우구데이는 금金과 고려를 정복하기 위해 원정군을 파견하였고, 1234년에는 금 왕조를 멸망시켰다. 그런 다음 카라코룸에 도성과 궁전을 세워 제국의 위용을 과시하는 한편 제국 전역을 거미줄처럼 연결하는 역참驛站, 몽골어 jam을 재정비하여 세계 각지에서 몽골제국의 수도로 올 수 있게 하였다. 카르피니, 루브룩, 마르코 폴로 등 중세 유럽의 여행자들은 바로 이 길을 따라 몽골제국의 중심으로 안내되었던 것이다. 1234년, 우구데이는 바투를 총사령관으로 하는 '제2차 서방 원정군'을 파견하였다. 이 원정에서 몽골군은 킵차크 초원과 동유럽, 러시아 등을 정복하고 당시 유럽 최강이라고 하는 헝가리 왕국의 군대를 격파했다. 그런데 1241년 말 우구데이 카안이 사망했고, 그 소식을 전해들은 바투가 이끄는 서방원정군은 더 이상 진격을 하지 않았다.

'대여행의 시대'를 연 카르피니

한편 서유럽은 '지옥에서 보낸 타타르Tartar, 즉 몽골의 공포'에 휩싸이게 되면서, 교황을 중심으로 다시 있을지 모르는 몽골의 공격에 대한 대책을 강구하게 되었다. 이를 위해 교황 인노켄티우스 4세는 1245년 '리옹 공회의'를 개최하였다. 그 결과 동유럽과 러시아 방면의 동방전도를 맡고 있던 프란체스코파 수도회에게 몽골에 대한 정찰 임무를 맡기기로 결정하였다. 그 책임자로 초창기부터 프란체스코파 수도회의 주요 인물이었던 카르피니가 임명되었다.

카르피니는 교황이 타르타르의 군주에게 보내는 두 통의 편지를 들고, 1245년 4월 리옹을 출발하였다. 볼가 강 유역으로 향한 그는 몽골제국의 유력자인 바투를 만났으며, 폴란드인 베네딕트만을 데리고 바투가 인가한 역전망을 따라 동쪽을 향해 나아갔다. 1246년 7월 카라코룸 근처에 도착해 새로운 대칸으로 선출되는 구육의 즉위식에도 참석하였다. 같은 해 11월 카라코룸을 출발해 왔던 길로 그대로 돌아가 1247년 가을 리옹에 도착했다. 그리고 귀환 도중 '루시Rus'에서, 그 동안 보고 들었던 것을 토대로 '몽골인의 역사Historia Mongalorum'라는 보고서를 작성하여 교황에게 바쳤다.

카르피니는 몽골과 그 주변에 대해 "이 나라의 동쪽에는 '키타이Kitayan, 중국'사람들의 나라와 '솔랑기Solangi, 고려'라는 나라가 있고, 남쪽은 '사라센Saracen, 아랍'의 땅이며, 서남쪽에는 '위구르Uighur'의 영토가 있고, 서쪽에는 '나이만Naiman'사람들의 지방이 있고, 북쪽은 바다로 둘러싸여 있다."고 정확하게 기록하였다. 그는 칭기스칸에 대해서, 그리고 몽골 문자에 대해서도 주의를 기울였다. 카르피니가 '몽골 알파벳Mongol alphabet'이라고 기록한 것은 '몽골 비칙Mongyol bičig'을 표현한 것으로 아주 정확한 표현이다.

그리고 칭기스칸의 군내조직에 대해서 '칭기스는 그의 군대를 천호장, 백호장, 십호장 그리고 만호장 휘하로 조직되어야 한다고 명했다'고 기록하였다. 이와 같은 십진법에 의한 군제는 흉노 이후 유목민들의 전통이었다. 이어서 몽골 대칸의 위엄과 전투할 때 몽골군대의 군율이 엄격함에 대해 역참을 예로 들어 기술하였다. 몽골의 대칸은 '예케 쿠릴타이yeke quriltay', 즉 칭기스 가문의 모든 왕자들이 참석하는 회의에서 선출되는 것이 원칙이었다. 바투가 유럽원정을 일시 중단한 이유가 바로 대칸 우구데이가 사망했기 때문이었다.

카르피니는 몽골이 정복한 나라와 아직까지 저항하고 있는 나라에 대해서도 일일이 나열하고 있다. 즉, '그들이 정복한 나라와 민족은 다음과 같다. 키타이, 나이만, 솔랑기Solangi, 카라키타이 즉 검은 거란, 코마니아, 쿠마에 …… 바그다드, 그리고 사르티 등이다. 이외에도 많은 나라들이 있는데, 나는 그 나라 이름을 잘 모른다.' 카르피니가 열거한 나라 중에서 쉽게 알 수 있는 나라 이름만 보아도 대몽골국의 정복지역이 얼마나 넓은지 알 수 있다. 카르피니가 남긴 기록에는 대몽골국의 행정을 책임지고 있던 친카이, 카닥, 발라 등 고위관리의 면모를 확인할 수 있다.

카라코룸의 고려인

유라시아를 아우르는 세계 제국으로 웅비하고 있던 대몽골국의 수도인 카라코룸에는 다양한 이방인들이 존재하였다. 위구르, 거란, 여진, 북중국 출신의 한인漢人등 새로운 기회를 잡으려는 사람들, 카르피니처럼 몽골에 대해 알기위해 온 동서양의 다양한 사신들, 여행자, 정복전쟁에서 노예로 끌려온 수공업자, 기술자, 농민 등 포로들이 있었다.

특별히 언급해야할 것은 카르피니가 '솔랑기Solangi'라 부르는 고려와 그 나라 수장에 대해 여섯 차례나 기록했다는 사실이다. 그 중에서 한 두 개의 기록만 살펴보자. '이 나라 동쪽에는 키타이 사람들의 나라와 또한 솔랑기Solangorum라는 나라가 있고……, 황제를 알현하기 위해 소집된 장소에 갔을 때, 서기인 친카이는 우리의 이름을 적었고, 솔랑기Solangorum와 다른 나라의 수장들의 이름을 적고나서 황제와 모든 고관들 앞에서 큰소리로 불렀다.'

1246년 당시에 대몽골국에 수장을 보낼 수 있는 '솔랑기'라는 나라는 고려 이외에는 찾을 수 없다. 금 왕조는 1234년에 멸망하였기 때문이다. 따라서 카르피니가 언급한 '솔랑기'는 고려高麗를 대표하여 구육의 즉위식에 참석한 고려 왕족출신 외교사절을 가리킨다고 할 수 있다. 이러한 몽골과 고려의 관계는 쿠빌라이가 수도를 남쪽으로 옮긴 다음에는 더욱 밀접해진다. 당시 고려에 대한 서양인들의 기록은 고려가 몽골인 치하에서 색목인들과 밀접한 관세를 맺으면서 전해진 것이다. 이후에도 몽골인은 한반도의 왕조와 국가를 지속적으로 '솔롱고스Solonyos'라고 불러왔다.

카르피니가 다녀간 지 10년 후 몽골을 방문한 루브룩도 여행기를 남겼다. 그러나 유럽 사람들이 많이 읽은 베스트셀러는 카르피니의 '몽골인의 역사'였다. 이후 유럽은 지속적으로 아시아에 관심을 기울이게 되었고, 더 넓은 세상으로 나아가게 되었다. 모두가 잘 알고 있는 마르코 폴로는 상인이었던 아버지와 숙부를 따라 몽골제국의 칸이 거주하는 칸발릭을 향해 갔다. 이후 쿠빌라이에게 등용되어 17년 간 몽골이 지배하던 중국 각지를 여행할 수 있었던 것이다. 그가 남긴 기록이 바로 저 유명한 '동방견문록'이다.

글로벌 제국 몽골의 세계정복과 유산

칭기스칸은 몽골고원을 통일한 뒤 곧바로 주변의 서하와 금을 공격하고, 1219~1225년에는 중앙아시아 원정을 통해 몽골제국의 기반을 확고히 하였다. 중앙아시아 원정에서 돌아온 몽골군은 중앙아시아 원정에 불참한 서하를 재차 공격하여 멸망시켰다. 그러나 그 와중에 칭기스칸은 사망하고, 셋째 아들인 우구데이가 즉위한다. 우구데이는 1236~1241년에 걸쳐 러시아·킵차크 초원 원정을 단행하고 이 과정에서 바투는 러시아와 킵차크 초원을 자기의 것으로 만들어 버린다. 갑작스런 우구데이의 사망으로 서유럽은 몽골의 침략을 면할 수 있었고, 이후 몽골을 비롯한 주변세력에 대해 관심을 갖게 된다. 공백기를 거쳐 1246년 구육이 즉위하지만 1248년 사망하고, 칭기스칸의 가문은 둘로 나뉘어 칸위 쟁탈전을 치르고 1251년 뭉케의 등극으로 이후 몽골의 칸위는 칭기스칸의 막내아들 톨루이 집안에 국한되어 버린다. 뭉케 또한 남송南宋정복과정에서 1259년 사천四川에서 사망하고, 이제는 뭉케의 두 동생 간에 칸위 쟁탈전이 벌어져 마침내 쿠빌라이중국에서는 원 세조가 즉위한다. 그리고 약 백년 후, 1368년 주원장에게 밀려 초원으로 돌아온 몽골은 내부분열에 휩싸이게 된다. 그러나 운남雲南등 먼 지역에 있던 군대와 관리 등 일부 몽골인은 몽골초원으로 돌아가지 못하고 현지에 머물러 살 수 밖에 없었다.

한편 서아시아에는 칭기스칸의 몽골제국을 재현하려는 또 한 명의 영웅이 출현하였다. 바로 '절름발이 티무르Timur-i lang, Tamerlane'이다. 그러나 그는 칭기스칸 가문의 혈통이 아니었기 때문에 '칸'이라는 칭호를 사용할 수 없었다. 그래서 칭기스의 후손인 가잔 칸의 딸을 부인으로 맞아들였다. 이로써 칭기스 가문의 '사위küregen'지위를 획득하였다. 티무르는 여러 차례에 걸친 전쟁을 통해 서아시아에 광대한 영토를 확보하였다. 이후 그는 몽골을 북방으로 몰아 낸 명나라 원성을 계획하였다. 무너진 몽골제국의 재건이 그의 꿈이었다. 마침내 1404년 20만 대군을 이끌고 사마르칸트를 출발하였다. 그러나 키질쿰 사막을 횡단하여 오트라르에 이르렀을 때 병이 나서 1405년 세상을 떠났다.

이러한 몽골의 세계정복으로 인해 인류역사에 부정적인 면도 많은 것은 사실이나, 그에 못지않게 긍정적인 면도 있음을 기억해야 할 것이다. 칭기스칸과 몽골은 투르크-몽골 초원문화의 엄격한 전통 위에서 새로운 지평을 열었다. 특히 이슬람 정주문화에 치명적인 타격을 가했지만, 한편으로 무슬림을 중용하여 몽골치하에서 주역으로 활약하게끔 했다. 역설적으로 이슬람의 확산과 기독교인의 세계관을 확대시켜 주었다. 이에 따라 이슬람의 천문학, 의학, 음악 등이 전래되고 인쇄술 · 나침반 · 화약 · 그림 · 도자기 등이 각지로 수출되어 인류문화발전에 공헌한 것은 의심할 수 없는 사실이다. 이 중에서 인쇄술의 서방전파는 지식의 보급, 나침반은 장거리 항해를 가능케 하여 마침내 지리상의 발견을 이끌었다. 게다가 화약의 보급으로 중세의 견고한 성채가 파괴됨으로써 유럽의 중앙집권화를 촉진시켜 서구근대문명을 유발시키는데 일조를 하기도 했다.

몽골제국 이후 중앙아시아의 모든 유목민은 칭기스칸의 이름 아래 자신의 정권을 정당화하고 휘하의 유목민을 통치하게 된다. 아울러 몽골제국의 영토 주변부에서는 동시에 네 개의 거대제국이 태아난다. 즉 중국의 명明, 인도의 무갈 제국, 서아시아의 오스만투르크 그리고 러시아이다. 특히 러시아는 모피 획득을 위해 동진하면서 시베리아를 정복하였고, 아울러 남진南進정책으로 부하라, 히바, 코칸드 칸국을 차례로 정복 · 복속시켰다.

몽골시대 이후 실크로드와 금속활자

13~4세기 몽골시대 동서 문화교류는 이전에는 볼 수 없었던 광범위하고 지속적인 것이었다. 물론 그 이전에도 동양과 서양이 서로 문화접촉을 했던 것은 분명한 사실이다. 그러나 몽골이 유라시아를 아우르는 제국을 성립하면서 그때까지의 역사와는 전혀 다른 양상이 나타났다. 그런데 14세기 후반 몽골제국이 쇠퇴하기 시작하면서 실크로드는 더 이상 안전을 보장받지 못하게 되고 이전의 활기를 잃기 시작했다. 그리고 동양으로부터 물자를 공급받아오던 유럽은 새로운 길을 찾아 바다로 나아갔다. 그렇지만 유라시아를 잇는 육로가 완전히 단절된 것은 결코 아니었다. 이전의 기억은 여전히 사람들의 뇌리에 남아있었고, 또 어려운 환경에도 불구하고 상인과 외교사절, 기술자들은 계속 이 길을 따라 왕래했다.

그러면 고려조선에서 발명된 금속활자 또한 실크로드를 따라 독일까지 전파된 것은 아닐까? 한국인들은 고대부터 중국뿐 아니라 중앙아시아서역와 북방 유목민과 끊임없이 접촉해왔고 그에 대한 기록이나 유물은 곳곳에 남아 있다. 13세기 초 고려가 세계최초의 금속활자 인쇄술을 발명했을 때 유라시아에는 몽골제국이 성립하고 있었고 실크로드를 통한 교역도 활발하게 이루어지고 있었다. 또한 완전한 조립식 인쇄에 성공하여 금속활자 인쇄술이 절정에 달했던 조선 세종 때의 '갑인자1434년'는 구텐베르크가 성경을 찍어내기 불과 15년 전이었다. 따라서 구텐베르크가 어떤 경로를 통해서건 조선의 금속활자 인쇄술에 대한 정보를 접했을 가능성이 높은 것이다. 최근 중국의 학자들은 중국의 목활자 인쇄술이 실크로드를 따라 유럽으로 전해졌다고 하는 주장을 하고 있다. 그러나 이미 70여 년 전 영국의 한 동양학자는 한국조선의 금속활자 인쇄술이 유럽으로 전해졌을 가능성이 크다며 한국전파설을 강하게 제기한 바 있다.

인류사회에 있어서 한 가지 발명이란 오랜 시간에 걸친 꾸준한 노력의 결과이다. 더군다나 고도의 기술인 인쇄술은 개인이 몇 년 만에 발명할 수 있는 그런 종류의 것이 아니다. 예를 들어 구텐베르크는 개인적으로 1448년 인쇄소를 설립하고 1454년경에 '42행성서'를 인쇄했다고 한다. 그러나 당시 조선에서는 국왕의 주도하에 수많은 학자들이 모여 완전조립식 인쇄인 조선 세종 대의 갑인자甲寅字 1434년를 만들기까지 약 200년의 시간이 걸렸다. 그리고 계미자癸未字, 경자자庚子字, 갑인자甲寅字만 보더라도 국가의 역량을 집중하여 주자소鑄字所를 설치하여 연구했음에도 불구하고 단순히 글자의 개량에만 30여 년이 걸렸다. 따라서 어떠한 사전정보를 습득하지 않고서는 개인이 짧은 시간에 획기적인 발명을 한다는 것은 거의 불가능했을 것이다.

이에 대해 한 학자는 고려조선의 금속활자 인쇄술이 전해질 길은 분명히 열려 있었다고 주장하고 있다. 몽골-사마르칸드-노브고로드-독일을 잇는 길을 통해 당시에 많은 교역이 이루어지고 있었다고 한다. 예를 들어 1403년 클라비오Ruy Gonzalez de Clavijo의 기록에서도 알 수 있다. 클라비오는 '1404년 중국에서 사마르칸드에 온 800마리의 낙타대상은 실크, 보석, 사향, 대황을 가져왔다. 그밖에 시베리아 동부에 살고 있는 부족으로부터 온 사신들은 사냥매, 흑담비, 담비 가죽을 티무르에게 진상하였다. 또 러시아 상인들은 가져온 아마직품과 모피를 진상하였다'고 기록하고 있다. 또한 같은 무렵 티무르 제국에서 관리를 지낸 요하네스 쉴트베르거Johannes Schiltberger는 '이때 카세이明의 왕인 대칸은 400필의 말과 함께 타멀레인티무르에 사절을 보내 공물을 요구하였다……'라고 서술하고 있다. 이러한 예들을 살펴볼 때, 당시의 관무역이 상당한 규모로 이루어지고 있었음은 분명한 사실이다.

15세기에도 몽골시대와 마찬가지로 실크로드를 통한 동서교류가 가능했던 것이다. 당시 동서를 잇는 카라반의 중심세력은 이전부터 활약하고 있던 사르트인이었다. 이들은 중국인들에게는 '회회回回'로 불려져 이미 15세기 초에는 천산산맥 동부의 하미哈密에 식민지를 건설하고 있었다. 명 태조 홍무洪武21년에 명나라 장군 남옥藍玉이 몽골동부의 부유르 호수Buyur Nuur에서 붙잡은 사마르칸드 상인 수백 명의 본국송환과 홍무 25년에 원대 이래 감숙 지방에 거주해 온 회회인 1,200명을 사마르칸드로 송환했다고 한 사건 등은 모두 그 예증이다.

또한 당시 조선에 수많은 외국인들이 내왕하고 있었음을 다양한 사료를 통해 확인할 수 있다. 하나는 조선왕조실록에 수없이 등장하는 '회회인回回人', '색목인色目人'과의 접촉 사실, '몽어노걸대蒙語老乞大'와 '박통사朴通事'등의 몽골어 교본 등이다. 또 하나는 한글 창제 시 신숙주 등의 십 수 차례의 외유와 주변에 있던 문자 습득, 한글 창제 시 위구르식 몽골문자 및 두르벨진파스파문자의 영향이다. 다른 하나는 사신을 통한 명과의 접촉, 명과 티무르제국을 통한 유럽전파 등을 볼 때 얼마든지 가능했다고 본다. 최근 독일의 역사가 카프르는 '나는 구텐베르크가 동아시아, 특히 한국의 금속활자인쇄술로부터 영향을 받았다고 본다. 종이의 경우도 처음에는 유럽의 독자발명이라고 생각했으나 결국 중국의 영향임이 증명되었다. 금속활자 인쇄술의 경우도 얼마든지 새로운 자료가 나올 수 있다. 섣부른 독자발명 주장은 위험하다'고 말했다.

한 가지 지적해야 할 점은, 현재까지 몽골에서는 중세시대 인쇄에 금속활자를 사용했다는 기록이나 발굴된 유물이 아직 없다. 그러나 앞으로 보다 광범위하고 체계적인 발굴과 연구조사가 이루어진다면 얼마든지 발견될 가능성이 있다고 생각한다.

글로벌 제국 해체 이후 몽골

1368년 몽골은 주원장에 밀려 대도大都를 버리고 몽골고원으로 되돌아왔다. 주원장은 남경南京에서 명을 건국하고, 즉시 원의 역사를 편찬하도록 지시했다. 이것은 하루라도 빨리 몽골원이 망했다고 내외에 선전하고, 아울러 몽골의 정통성이 자신에게 넘어왔음을 기정사실화하기 위함이었다. 이 때문에 '원사元史'는 중국정사 중에서 '요사遼史'와 더불어 두찬杜撰으로 유명하게 되었다. 심지어 십 수 명의 열전이 두 군데씩 등장한다.

초원으로 돌아간 후 몽골의 역사를 북원北元이라고 부른다. 이후 몽골동부의 쿠빌라이 후손들의 지위는 땅에 떨어졌고, 대신 서부의 오이라트가 흥성하기 시작했다. 이에 명明의 영락제는 가까운 '몽골의 공포'에서 벗어날 수 있게 되었다고 생각했다. 하지만 서부 몽골인도 여전히 '대원大元'이라 칭했고, 1453년 오이라트의 에센 한은 스스로 '대원천성대가한大元天聖大可汗'이라고 칭하였다. 이 에센 한은 1449년 명의 영종英宗을 대동大同에서 포로로 사로잡기까지 했다. 그런데 명의 대안은, 협상이 아니라 새로운 황제代宗를 세우고 일관되게 굳건한 방어를 취하는 것이었다. 이에 에센 한은 영종을 송환하고 화의를 맺었다.

이후 명은 장성을 개축하고 '북로남왜北虜南倭'라 하여 외부와의 접촉을 스스로 단절하였다. 지금 볼 수 있는 만리장성은 진의 시황제가 쌓은 것이 아니라 몽골의 공포로 말미암아 명대에 개축한 것이다. 이런 명나라가 만주족의 등장과 더불어 이렇다 할 저항도 하지 못한 것은 당연하다.

여진金의 후예인 누르하치는 조선과 명이 내부문제로 인해 간섭과 감시가 느슨해진 틈을 타고 후금後金을 건국하였다. 뒤를 이은 태종은 국호를 청淸으로 고치고 1636년 병자호란을 일으켜 조선을 제압하였다. 이어서 내몽골을 복속시키고 산해관을 넘어 명을 공격하였다. 만주 청조의 군대 중 최정예는 몽골8기였다. 이후 서몽골이 동몽골을 공격하는 분열을 틈타 1691년에는 외몽골을 복속하였다. 물론 서몽골준가르 칸국은 1750년대까지 청에게 완강히 저항했지만, 강희 · 옹정 · 건륭1662~1795세 명의 황제 치세에 정복당하게 되었다. 이로써 몽골의 전 지역은 청의 지배와 간섭을 받으며 1911년 신해혁명으로 청이 멸망할 때까지 그 치하에 놓이게 된다. 그러나 몽골인은 청의 지배를 받으면서도 끊임없이 저항을 하며 독립을 위한 꿈을 버리지 않았다.

몽골의 독립과 현대사

19세기 말~20세기 초에 서구열강의 아시아침략은 고조에 달하고, 그 와중에 일본을 제외한 아시아 여러 나라는 대부분 식민지화의 길을 걷게 된다. 만주족의 청조가 멸망하면서 몽골은 만주족이 아닌 한인漢人들의 지배를 받지도, 받을 생각도 없었다. 즉, 중화민국은 자신들이 청조의 구 영토를 이어 받은 정통정권이라고 주장했으나, 몽골과 티베트는 그때까지 한인에게 지배를 받은 것이 아니었기 때문에 중화민국의 지배권을 인정하지 않았다.

몽골인들은 이들 한인을 대부분 몰아내고 독립을 선언했으나, 중국군대의 진격과 압력으로 '자치'로 바뀌었다. 그러나 몽골은 독립을 위해 소련 적군赤軍을 이용하여 혁명정권을 성립하고 1924년 7월 11일 국호를 '몽골인민공화국'이라 칭하기에 이르렀다. 당시 몽골독립을 쟁취한 수흐바아타르 등은 공산주의에는 관심이 없는 독실한 불교신자들이었기 때문에 소련은 이들을 비롯한 민족주의자 · 불교승려들을 차례로 숙청하고, 피착취계급의 젊은이들을 모스크바로 데려가 철저한 사상교육을 통해 정권의 중추에 앉혔다.

마침내 1936~1939년에 걸쳐 모든 승려를 환속 내지 처형하고, 수많은 사원을 부수어 버렸다. 이들은 충실하게 그리고 철저하게 모스크바의 지령을 받는 존재가 되었던 것이다. 따라서 이후 몽골의 역사는 소련의 강력한 영향을 받지 않을 수 없었고, 70여년에 걸친 영향 하에 몽골의 불교문화와 학문 전통은 철저히 파괴되었다. 러시아를 착취한 '타타르몽골의 멍에'라는 미명하에 칭기스칸의 이름은 말할 것도 없고 독자적으로 몽골의 역사 연구를 수행하지 못하는 상황이 되었다. 마침내 1991년 12월 소연방의 해체와 더불어 중앙아시아 각국이 독립을 하게 되고, 몽골도 1992년 2월에 국명을 '몽골국Монгол улс'으로 바꾸었다. 그러나 간과해서는 안 될 것은 이들이 자본주의 · 민주주의를 채택했다고 해서 사회주의 · 공산주의를 완전히 버린 것은 결코 아니다. 왜냐하면, 이 시기의 역사도 몽골인의 역사이기 때문이다.

한국과 몽골의 관계: 과거와 현재를 넘어 미래로

한국인은 아주 이른 시기부터 북아시아의 여러 민족과 밀접한 교류를 유지하였다. 북아시아에서 흥망을 거듭하면서 이름을 남긴 대표적인 민족으로는 흉노匈奴, 선비鮮卑, 유연柔然, 투르크突厥, 위구르回鶻, 거란契丹, 여진女眞, 몽골蒙古, 만주滿洲등이 있다. 한국과 몽골의 관계는 '대몽골국Yeke Mongγol ulus, 大蒙古國성립 이전의 몽골계 유목민족과의 관계와 대몽골국 이후의 직접적인 관계로 나누어 살펴 볼 수 있다.

그 중에서도 우리나라 역사에서 한반도 북부와 만주를 중심으로 활동했던 시기의 왕조들은 북아시아의 여러 민족과 깊고 다양한 교류를 했다고 말할 수 있다. 특히 발해渤海는 새로 흥기한 거란契丹에게 일격을 당해 926년에 멸망하였다. 거란을 몽골의 한 분파로 본다면, 995년成宗 14에 고려 어린이 십 여 명을 거란에 보내 그 나라 말을 배우게 했다는 고려사의 기록으로 보아 지금으로부터 이미 천여 년 전부터 넓은 의미에서 몽골[거란]과의 교류가 시작되었다고 할 수 있다. 고려는 태조가 북방정책을 실시하면서 지속적으로 북아시아의 여러 민족과 교류와 항쟁을 거듭하였다.

1218년에는 고려 경내로 난입한 거란군을 고려와 몽골 군대가 협공하여 궤멸시키고, 1219년 형제맹약을 체결하였는데 이것이 고려와 몽골의 본격적인 최초의 접촉이었다고 할 수 있다. 그러나 1224년 몽골 사신 저고여著古與를 고려가 살해한 사건이 일어났지만 대몽골국의 내부사정으로 인해 이후 7년 간 관계가 단절되었다. 대몽골국의 제2대 카안으로 즉위한 우구데이는 1231년에 군사를 보내 고려 침략을 재개하였다. 이에 대해 고려는 본거지를 강화도로 옮기면서까지 30여 년에 걸쳐 항쟁했지만 결국 항복함으로써 고려는 몽골의 광범위한 영향 아래에 놓이게 되었다. 이에 반대하는 세력은 '삼별초三別抄'를 조직하여 지속적으로 저항을 계속하다가 1273년 여 · 몽 연합군에 의해 진압되었다.

몽골에 항복한 이후에 고려의 왕은 몽골 공주와 혼인함으로써 몽골 대칸의 사위가 되었고, 고려는 대몽골국의 부마국駙馬國이 되었다. 쿠빌라이 카안은 1276년 남송南宋정복을 완수한 후에, 아직까지 항복하지 않은 일본을 정벌하기 위해 고려를 전초기지로 삼아 두 차례에 걸쳐 대군을 파견하였다. 이 과정에서 고려 왕조와 백성은 군사와 군량을 조달하고 배를 건조하는 등 이루 말할 수 없는 고초를 겪었다.

한편 이 시기에 고려와 몽골 간에는 활발한 인적, 물적 교류가 광범위하게 이루어졌다. 그 결과 '고려양', '몽골풍'이라는 상대방 문화에 대한 깊은 관심과 유행이 나타났다. 쿠빌라이가 몽골제국의 수도를 '칸발릭'으로 옮기기 전에도, 그리고 옮긴 후에도 고려와 몽골은 밀접한 교류를 지속하였다. 아울러 고려사에는 1295년충렬왕 21에 원元에서 이망고대李忙古大를 고려로 보내 몽골어를 가르쳤다는 기록도 있다.

한편 고려의 인재들도 몽골조정에서 실시한 과거에 응시하여 그 중에 몇몇은 과거에 급제하기도 하였다. 특히 대몽골국의 마지막 대칸이었던 토곤 테무르는 제위에 오르기 전 대청도에서 유배생활을 하였으며, 대칸이 된 후에는 고려에서 끌려온 공녀 출신의 기씨奇氏를 황후로 맞아들였다. 조선시대에는 고려시대와 같은 직접적인 교류는 많지 않았다. 그렇지만 고려시대에 이어 조선시대에도 사역원司譯院에서 만주어, 중국어, 일본어와 더불어 몽골어를 가르쳤으며 1894년 갑오경장甲午更張으로 폐지될 때까지 지속되었다. 당시 몽골어회화 교습에 사용했던 교재로는 현재 '몽학삼서蒙學三書'라고 부르는 '몽어노걸대蒙語老乞大',

'몽어유해蒙語類解', '첩해몽어捷解蒙語'가 남아 있다.

20세기 초, 몽골은 만주족이 세운 청淸의 지배에서 벗어나기 위해 한국은 일본의 식민지배하에서 독립을 이루기 위해 저항하였다. 그러나 몽골은 아시아 최초의 사회주의 국가가 되고 한국은 일제의 더욱 철저한 지배를 받으면서 점차 그 관계가 소원해지게 되었다. 이후 한국은 남북분단과 한국전쟁 등으로 인해 몽골과의 관계는 순조롭지 못했으며, 게다가 몽골은 1948년 10월 15일 북한과 세계에서 두 번째로 수교할 정도로 폐쇄적인 외교정책을 실시하였다. 그러나 1980년대 말, 소련과 동유럽 등 사회주의권의 붕괴와 더불어 몽골은 새로운 정치적인 모색을 하게 되었다. 그리고 1990년 3월 26일 대한민국과 몽골 간에 정식으로 수교가 이루어졌다.

먼저 1990년대 한국과 몽골 간의 관계를 간략하게 살펴보면, 정치경제, 사회문화 등 다방면에 걸쳐 상호교류가 광범위하게 증가하고 있음을 알 수 있다. 1991년 10월에는 푼살마긴 오치르바트П. Очирбат몽골대통령이 방한하여 정상회담을 가졌으며, 1992년에는 몽골 신헌법에 따라 국호를 '몽골국Монгол улс'으로 변경하였다. 1992년에는 몽골국립대학교와 몽골외국어대학에 한국학과가 개설되었다. 또한 1992년 한 · 몽 학술조사연구협회가 조직되어 이후 5년간 몽골과학아카데미와 공동으로 몽골 각 지역에 대한 발굴조사와 학술연구를 시행하였다. 1993년에는 단국대학교에 몽골어과가 개설되었으며 1995년에는 몽골 울란바타르에 있던 기존의 한국인학교가 울란바타르 대학으로 인가를 받았다.

한국 국립중앙박물관은 1997년부터 몽골 과학아카데미 고고학연구소, 국립역사박물관과 대형 고고학 학술사업인 '몽-솔 프로젝트Mon-Sol Project'를 지속적으로 진행 중이며, 특히 흉노무덤 발굴에서 훌륭한 성과를 거두고 있다. 1999년 5월에는 김대중 대통령이 몽골을 국빈 방문하였다.

다음으로 2000년대를 살펴보면, 2001년에는 나차긴 바가반디Н. Багабанди몽골대통령이 방한하였으며, 2006년에는 노무현 대통령이 몽골을 방문하였다. 또한 2006년에는 몽골에서 칭기스칸이 세운 '대몽골국 건국 800주년 기념행사'를 성대하게 치렀다. 2007년 5월에는 남바린 엥흐바야르Н. Энхбаяр몽골대통령이 한국을 국빈 방문고 2008년 2월에 재차 방문했다. 동북아역사재단은 2007년 몽골과학아카데미와 '상호협력에 대한 기본 각서MOU'를 체결하였고, 2011년 11월에는 '한 · 몽 역사고고학자 협의회'를 구성하였다. 2009년에는 한국외국어대학교에 몽골어과가 개설되었으며, 몽골에서는 차히야긴 엘벡도르지Ц. Элбэгдорж가 대통령에 당선되었다. 2010년 8월에는 이명박 대통령이 몽골을 방문하였고 양국관계가 '선린우호협력 동반자관계'에서 '포괄적 동반자관계'로 한 단계 격상되었다.

향후 한국과 몽골 관계는 더욱 활발해질 것이 분명하며, 서로에 대한 이해도 한층 깊어질 것이다. 그러나 한 가지 반드시 기억해야 할 점이 있다. 그것은 서로를 진심으로 이해하려고 노력해야한다는 것이다. 한국에는 '천리 길도 한걸음부터'라는 속담이 있듯이 몽골 이와 비슷한 속담이 있는데, '멀리 가려면 가까운 데부터, 많은 것을 하려면 적은 것부터'이다. 고려와 몽골의 관계 이후 다시 만난 우리는 서두르지 말고 차근차근 서로를 알아가야 할 것이다.

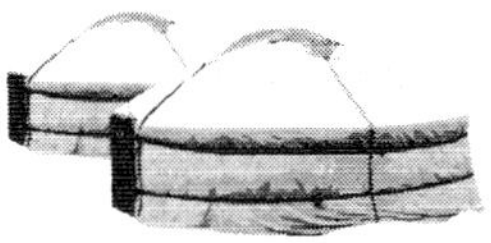

5장
몽골의 눈에 비친 세계

바트투르 (몽골국립대학교)

몽골의 세계관과 대외인식

몽골의 넓은 대외관과 세계관의 확립에 영향을 미친 요소로는 유목생활과 세계제국의 건설이라는 문화적 요소와 역사적 요소 두 가지다. 유목생활을 하는 몽골은 공간에 대한 인식이 정주하는 정착민과는 차이를 보인다. 중국의 예를 보면 중국은 세계질서와 우주의 중심이었고 황제는 하늘의 아들, 즉 천자라 칭했다. 중국의 중심은 황제이고 세계의 중심은 곧 중국이었던 것이다. 중국 중심주의를 인정한 국가나 민족은 중국을 섬기며 중국에 종속되어 있다고 믿었으며 그 중 하나가 한국이었다. 그러나 역사상 중국만이 자국을 중심국으로 본 것은 아니었다. 세계제국과 문명의 핵심이라고 여겼던 많은 국가들이 자신도 세계의 중심이라 생각했다. 로마제국의 경우 자국이 세계의 중심이라고 여겼지만 지리적 위치로 인해 로마가 중심이 아니라 바다가 중심이라 보았고 이로 인해 '지중해Mediterainian'라는 말이 생기기도 했다.

유목민은 지속적으로 이동하는 민족이었기에 자신이나 타인, 그 어느 누구도 세계의 중심이라 보지 않았다. 몽골어에 '세상' 이라는 뜻인 '오르칠렁Orchlon'의 의미는 '존재하다'는 의미와 '회전하다'는 의미가 내포되어 있다. '세계'의 의미를 지닌 '델히Delhii'라는 단어도 평평함, 풍부함, 넓음의 의미를 지니고 있다. 결국 유목민이었던 몽골의 눈에는 세계는 넓고 평평하며, 회전하는 것으로 비쳤고 그래서 '성벽 속에서 답답하게 사는' 정착민보다는 더 넓은 시야를 가지고 있었다.

유목민들은 자신들의 본질이야 말로 세상을 다양한 측면에서 관찰하고 관조하는 것을 중요시함으로서 지혜와 지식을 여러 곳에서 얻는 것이라고 보았다. 몽골 속담에 '움직이지 않는 천재보다 돌아다니는 바보가 낫다'라는 말이 이를 대변한다. 몽골인들은 전통적으로 세상의 현상을 다면적 관찰을 통해 들여

다보아야 하며 단방향적이거나 단편적으로 보는 자를 어리석고 모자라는 자로 보았다. 이 뜻을 '임산부 오줌 누는 곳보다 더 멀리 가본 적이 없는 자'나 '송아지 키우는 마굿간보다 더 멀리 가본 적이 없는 자'로 비유하거나 '벽돌성벽 안에 답답하게 사는 자'로 폄하하기도 했다. 그래서인지 몽골인은 쓸데없이 깊은 생각만 하는 것을 무시하는 경향이 있다.

정복과 점령 때문에 몽골인의 행동이 달라졌다고 보는 것은 오해의 소지가 다분하다. 몽골인의 행동양식은 유목생활방식과 분리해서는 안되고 이와 연결시켜 보아야 한다. 2010년 노욘Noyon산에 흉노족의 무덤이 발굴되었는데 그리스와 로마신의 조각상이 출토되었다. 흉노가 지배했던 시기와 그 이후의 시대의 유목민의 무덤에서 사슴모양의 동물상이 발견되었는데 흥미로운 것은 발견된 사슴형태의 동물의 모습이 현재 영국의 국장에 사용되고 있는 유니콘의 모습이 보인다는 것이다. 고대유목민들이 만든 사슴동상은 뛰어다니는 사슴과 날아다니는 유니콘 중에서 어느 것을 표현한 것인지 조사해 볼 필요가 있지 않을까?

몽골은 또한 유목하는 동안 동양과 서양의 문화적 요소 두 가지 모두를 자기 문화에 흡수시켰다. 몽골어로 책을 뜻하는 '놈Nom'은 그리스어 '노모스Nomos'에서 유래된 것으로 법과 질서를 의미한다. 몽골어에 '이렇게 한다iim nomtoi yum'라는 말에는 이렇게 하는 것이 법이다 라는 의미가 내포되어 있다. 뿐만 아니라 몽골어에서 '규정'이라는 뜻의 '요스Yos'라는 말도 로마어에서 '법정'이라는 '루스Ius'에서 유래하고 있으며 '권한'이라는 몽골어 '에르크erkh'에 '요스yos'를 추가하면 '인간은 살 권한이 있다', 또는'인간은 살아야 한다'는 의미가 된다. 유목민의 종교문화와 전통도 다양한 국가들의 전통을 수용하고 있다. 예를 들어 이란의 조로아스터교Zaostry에서의 신들의 왕을 '아후라 마즈다Ahura Mazda'라 불렀는데 이는 몽골에서의 전통종교에서는 '하늘신'인 '후루마스트Khurmast'를 의미한다. 하늘을 믿는 종교속에 '악'을 의미하는 '아드ad', '악한 성질'을 의미하는 '아드 제트거ad zetger'와 고대 그리스 지하세계의 신 '하데스Hades'도 몽골어식 표현인 아이드에서 유래했다.

몽골제국의 정책에서도 유목민의 특징을 찾아 볼 수 있는데 예를 들면 아시아와 유럽을 연결하는 거대한 유라시아지역에서 유목하였기에 중앙아시아의 대부분의 국가나 민족들은 아직까지도 몽골의 지명을 사용하고 있다. 예를 들면 '카사크Kazak-khasag', '키르키즈Kyrgiz-khirgis', '타지크Tadjik-sogd', '투르크멘Turkmen-sartuul', '우즈벡Uzbek-chantuu', '터키Turkey-tureg', '그리스Greece-gereg' 등에서 유래를 찾을 수 있다. 또한 몽골제국 시대에는 프랑스를 '파란Faran'이라 불렀다는 사실은 '프랑크Frank'를 길게 발음했을 때 나오는 소리라고 보면 이미 이당시 프랑스에 대해 자세히 알고 있었음을 증명한다.

여러 지역을 돌아다니면서 살았던 몽골은 자신을 중심지라 여겼던 정착민과는 달리 몽골은 모든 종교를 인정하고 존중하였기 때문에 자국의 종교를 타인이나 타국에게 강요하지 않는 민족이기도 했다. 몽골인들은 부족마다 자신의 종교를 가졌으며 '메르기드Mergid'는 샤머니즘과 하늘신, '키단Kidan'은 불교, '케레이드Khereid'와 '나이야만Naiyaman'은 기독교를 믿었다. 칭기스칸의 어머니가 기독교를 믿었던 '올후누드Olkhunud'족 출신이라는 사실은 흥미롭다. 유목민의 또 하나의 특징은 타지역의 문화를 존중하고 정복한 이후의 통치방법에 있어서도 그 국가의 문화와 종교를 인정하고 계승시켜 그 후예들은 문화계승자 및 보호자로서의 역할을 수행하게 되어 국가의 영웅으로 추대되기도 하였다. 칭기스칸의 장남 주치Zuchi의 후계자인 '아브라이Avlai'는 카자크족의 영웅이 되었고, 티무르Timur대제부터 인도의 무굴제국의 '바부르Babur'왕도 몽골계의 후예라는 점에서 사례를 찾을 수 있다. 그러나 몽골을 이용해 내부의 분쟁을 해소한 제후들도 많았다. 모스크바의 왕이 키에프의 반대세력을 물리치기위해 몽골의 군대를 사용함으로서 오늘날 러시아의 수도인 모스크바가 탄생했던 것도 몽골과 연관성이 있다.

아시아에 대한 시각

아시아에 대한 몽골의 인식과 태도, 정책 등을 서술하는 것은 방법론측면에서 문제가 있는 것으로 보인다. '아시아'라는 말부터가 현재의 아시아 지역에 살고 있는 거주인을 일컫는 유럽식 용어일 뿐 아니라 20세기 이전의 몽골족은 자신이 아시아에만 속하는 것이 아니라고 보았던 것이다. 따라서 몽골인의 지리 및 전통적 이해와 인식에 대해서 언급할 필요가 있다고 본다.

앞에서 언급한 것과 같이 지리적으로 광활한 영토에서 유목생활을 하였던 몽골민족들은 서쪽으로는 유럽, 남쪽으로는 인도, 동쪽으로는 한반도까지 폭넓은 영토를 포함한 역참제를 구축하고 국가들간에는 서로 '실크로드Silk road', '티로드Tea road'로 연결하여 통치 및 관리하였기 때문에 쉽게 상상이 가지 않을 수도 있다. 이 지역의 지명은 현대인의 시각에서 보면 동아시아이며 칭기스칸의 후계자였던 쿠빌라이 칸Khubilai Khaan이 중국땅에 세운 원나라에 대한 설명이 필요하다.

칭기스칸 사후 그의 후계자들이 정복한 국가의 문화와 전통은 중시되기도 했으나 점차 흡수되어 새로운 문화의 보호자이자 창조자가 되기도 했다. 그가 바로 쿠빌라이원 세조였다. 쿠빌라이가 건국한 원나라의 몽골어 국호는 '요니Youni'라 불렸다. 몽골의 황제는 오늘날의 중국대륙에 통일된 새로운 원제국을 건설했다. 원제국 이후에는 명이, 그 후에는 만주와 몽골민족이 결합된 대청제국이 다시 중국을 통일하게 된 것이다. 이는 현대중국은 800년전 몽골족이 기초를 닦았다는 의미이기도하다. 원나라에 남긴 몽골의 전통을 살펴보면, 5가지 전통적인 색과 네 종류의 외국에 대한 언급이 기록으로 남아있다. 몽골의 전통적 5색은 하늘색몽골, 황색위구르, 홍색티벳, 백색한국, 흑색중국을 각각 의미한다. 네 종류의 외국은 몽골이외의 기타 국가들을 의미했다.

색깔로서 국가와 민족을 상징한 연유는 밝여진 바가 없다. 하늘색은 원래 유목민들이 숭상하고 좋아했던 색이었으며 몽골족 이외에도 투르크돌궐족족이 이슬람교 전파이전에 자신을 '푸른 투레그'라고 불렀다는 기록이 남아 있다. 또한 청색은 유목민들의 전통문화에도 지대한 영향을 미쳤다. 몽골이 중국을 검은 색으로 지칭한 것에는 그만한 이유가 있다. 흑색은 몽골어에 이중적 의미를 지닌다. 하나는 다른 민족들과 마찬가지로 '나쁜 것' 또는 '악'의 의미가 내포되어 있다는 것이며, 정착생활을 한 중국을 '더럽고 불결한' 존재로 보았기 때문에 '검은 중국'이라는 용어가 생겼다고 볼 수 있다. 또 다른 부정적 의미로는 '하인' 또는 '노예'의 의미가 담겨있다. '검다'라는 의미는 긍정적인 면에서 볼 때는 '일반인, 매우 많다, 섞이지 않았다'는 의미긴 하지만 또 다른 측면에서는 중국이란 '셀 수 없이 많은 사람이 사는 나라'라는 뜻을 의미하기도 한다.

티벳을 홍색을 상징하는 것은 불교와 상관이 있다. 티벳의 불교는 '겔레그바Gelegva', '니마바Nimava', '가르마바Garmava', '사자바Sajava'와 같은 것이 있었고 몽골에서는 겔레그바 불교가 대중 속으로 많이 전파되었다. 몽골에 전파된 불교는 한 종파를 "노란모자 불교"나 "황색불교"라 불렀고 다른 종파를 '홍색종교'와 관계가 깊다. '황색 종교'는 티벳에서 시작되었지만 북쪽에 위치하고 있는 몽골에서 더욱 발달되었고 몽골의 군사적 지원과 보호하에 더욱 확대되었다. 투르바이크Oird Mongol Turbaikh왕자가 티벳을 점령하고 '홍색 종교'세력을 몰아내고 '황색불교' 지도자인 '달라이 라마Dalai Lama를 티벳의 왕으로 지명하였다. 그 이후 현재까지 티벳의 지도자는 소수가 믿는 '황색종교' 지도자인 '달라이 라마'로 정해진 것이다.

다른 색상에 대한 자세한 설명은 기록이나 연구가 제대로 되어 있지 않아 불가능하지만 향후 연구할 가치는 충분히 있다고 보여진다. 이 외에도 주변국가를 묘사하거나 상징하는 표현들이 기록에서 보인다. 고비지역의 최고의 승려였던 단잔라브자Danzanravjaa의 삭품 '종이새'란 신화속에서 '몽골은 도깨비 혈통이라 고기를 주식으로 하며, 중국은 당나귀 혈통이라 채식, 티벳은 라크Rakh혈통이라 밀가루를 먹는다'고 언급하고 있다. 이 외에도 몽골족은 '영웅적인 모습이나 야망을 가진 성품', '중국민족은 거만하며 도도한' 민족이자 '건방지고 재물에 대한 욕심과 잔꾀가 많은' 민족으로 묘사하기도 한다. 또 몽골인은 '고운 말'

을 쓰나 중국인은 '돈'과 연결시키며 티벳인은 '마술'로 연결시키기도 한다.

다섯 가지 색상과 4개의 외국이외에 '펠트집에 사는 민족'이라는 말도 있다. '펠트민족'이란 양털을 압축하여 이동식 집의 벽과 지붕을 만들어 사는 민족이며 카작Kazak, 키르기스Khirgis 등 유목민을 뜻한다. 이러한 이해는 '오이라트 몽골Oird Mongol'시대, 즉 중가르 제국 시대에 유래되었을 가능성이 높다. 15~17세기를 내몽골역사서에는 북원北元'시대라 불렀고, 공산주의 시대의 몽골사학자들이 분열시대라고 불렀던 때는 몽골 민족이 '오이라트 몽골Oird Mongol'과 '할흐몽골Khalkh Mongol'로 분열되었던 시기를 뜻한다.

칭기스칸 후계 제후들의 중심인 할흐몽골 세력이 약화되었을 당시에는 오이라트 몽골세력이 강성해져 중앙아시아를 점령하고 여러 민족과 부족을 통치하면서 중가르 제국을 건립하였다. 오이라트 왕국은 카자크, 키르키스 등과 같은 유목민들로 구성되었으며 이들은 이슬람교를 따르지만 펠트가옥을 짓고 방목하여 가축을 키우는 생활모습은 같았다. 유목민들을 통합하였다는 의미를 상징하는 '펠트민족'이란 말은 여기서 출발하였을 가능성도 있다.

종교와 연관하여 인도, 티벳, 네팔 등 여러 나라에 대한 신화가 존재하며 그들과 교류하였음을 표현하는 속담 및 용어가 쉽게 발견된다. 금은공예품의 세공 솜씨에 대하여 민담속에는 '네팔국 장인 솜씨로 만들었다'라는 말이 있는데 이는 네팔의 뛰어난 솜씨를 칭찬해 일컷는 말이다. 또한 한국 사람을 '고올리 땅의 하얀 중국인' 이란 말로 부르기도 했는데 이는 고려의 중국 발음인 '까오리' 또는 '고울리'를 따서 '고올리'라고 말한 것에서 유래한 것이라고 추측된다. 이처럼 거주하거나 이동했던 지역에 대한 몽골전통 인식을 언급하자면 끝이 없으며 세밀한 연구가 요구된다.

중국을 보는 눈

몽골과 중국과의 관계는 중국으로는 한나라, 몽골로는 흉노시대부터 시작되었다고 보고 있다. 여기에는 흉노족이 몽골의 조상이라고 보는 확신에서 기인한다. 분명한 것은 중국이 그 어느 누구보다도 몽골을 더 잘 알고 있다는 사실이다. 예컨대 중국은 몽골과 몽골인의 장점은 물론 단점까지도 꿰뚫고 있다는 것이다. 흥미롭게도 몽골인의 중국과 중국인, 중국문화에 대한 인식은 특이한 점을 보이고 있다.

역사적으로 볼 때 몽골과 중국의 관계는 대부분 대등한 지위에서 이해관계가 존재해왔으며 불가항력의 시기에만 중국에 대한 종속적 지위를 인정하였다. 청을 건국한 주르치드족 만주는 몽골을 정복하기는 했지만 중국의 한족이 몽골을 정복한 적은 없었다는 사실을 기억할 필요가 있다. 중국과 몽골이 전통문화, 생활양식, 세계관과 철학, 사고방식에는 유사점이 거의 존재하고 있지 않으며 상당한 차이를 내포하고 있다.

우선 몽골은 양, 소, 말, 낙타, 염소 등 다섯 가지의 가축을 기르는 목축업을 해왔으며 이에 반해 중국은 쌀, 옥수수, 야채 등 농업을 주된 산업이었던 농경사회였다. 뿐만 아니라 몽골인들은 덜 추운 곳에서 겨울을 보낸 후 봄, 여름, 가을에는 가축을 치기 쉽고 편리하며, 초원이 잘 발달된 지역을 따라 이동하는 유목민인데 반해 중국인들은 정주문화의 특징을 지닌 정착민족이다. 생활양식의 차이는 기타 환경적 요소에도 영향을 미친다. 문화의 기본이자 기초라 할 수 있는 문자와 언어는 서로 상이하며 두 민족의 차이점을 극명하게 보여주고 있다. 종교에서도 유사성을 찾기 어렵다.

이러한 차이점들은 사고와 이념적 차이를 형성했으며 중국은 이러한 차이에 무지했고 또한 차이의 존재를 인정하려 들지 않은 채 북쪽의 유목민은 '어리석고 야만적인 민족'으로 치부하게 되었다. 따라서 자연스레 북쪽에 위치한 유목민의 대표였던 몽골은 중국인에 대한 시각과 인식에 있어서 '자유롭지 못하고 갇혀 사는' 민족으로서 '생각과 말이 일치하지 않는' 의미를 내포하는 '내성적'인 민족으로 보기 시작했다. 중국인들을 '내인內

人 즉 '신뢰하지 않는 사람'으로 인식한 것이다.

몽골제국의 흥성기 270여년간 몽골은 중국을 통합하여 통치함으로서 행정은 물론 생활에 있어서도 다양한 영향을 미쳤다. 명대에 들어와서는 중국의 영향은 크지 않았지만 청이 건국하고 난후에는 청의 법률에 의거, 중국의 농민은 몽골영토내에서 농사를 지을 수 없게 되었고, 몽골여성과의 혼인을 금하기도 하였다. 이로 인해 민간교류가 단절된 채로 20세기에 들어섰고 이 시기 몽골인과의 교류는 주로 중국의 상인이나 장사꾼들이 주도하고 있었다. 예로부터 장사와는 담을 쌓은 몽골유목민들은 중국인들을 '장사꾼'으로 보아 항상 장사꾼에게 손해를 본다고 생각했다. 몽골의 속담에 '몽골인의 가는 말이 고와야 중국인의 오는 이익이 많다'는 말에서도 이러한 불신과 멸시가 담겨져 있다.

청이 몽골을 통치하였을 당시 몽골을 외몽골, 내몽골, 홉드, 탄누 우량하이 오랑케로 구분하여 관할했다. 외몽골과 홉드는 오늘의 몽골에 속하는 지역이나 내몽골은 중국인민공화국의 자치구로 편입되었고, 바이칼호수의 부리야트 몽골족, 탄누 우량하이족은 넓은 영토와 함께 러시아에 편입된다.

그 후 1911년 12월 29일 몽골이 청의 지배하에서 벗어나 독립을 선포하였으나 1915년의 히악트카흐타, Khiagt협약에 의하여 외몽골은 자치권을 보유하게 되었으나 내몽골은 영원히 중국의 영토가 되고 말았다. 넓은 국토와 적은 인구의 몽골이 두려워하는 것은 엄청난 인구를 보유하는 중국에 흡수되지나 않을까 하는 것이다. 1980년대까지 중국은 몽골이 중국에 속한다는 입장을 굽히지 않았고 지금도 역사를 왜곡하고 그릇된 정보를 기록한 교과서로 중고등학생에게 역사를 가르치고 있다.

1990년대 몽골과 중국과의 관계정상화가 이루어 진 이래로 경제적 교류는 엄청난 속도로 확대되었다. 현재 중국인민공화국은 몽골의 최대의 투자국, 최대 수입국이 되었으며 특히 생활용품, 식품, 건축자재 등에 있어서 대중국 의존도가 지나치게 높아지고 있어 이를 우려하는 몽골인이 많다. 반면에 급격한 중국의 경제성장 덕분에 몽골의 경제와 무역도 동반성장하고 있다는 학자들은 중국과의 교류확대를 주장하기도 한다.

실제로도 중국이 세계경제와 금융의 중심이자 최대 생산지로서 몽골에 더 없이 유리한 기회를 제공하고 있다는 점은 부인하기 어렵다. 다른 한 편으로는 몽골에 매장된 엄청난 금, 구리, 석탄 등의 광물자원과 원유, 철광석, 우라늄, 희토류 등의 새로운 광산개발은 중국의 관심을 끌기에 충분하다. 이는 곧 몽골과 중국의 양자간의 관계를 유지, 발전시키는데 긍정적으로 기여할 수 있다.

그렇다고 우려가 불식되는 것은 아니다. 중국은 몽골의 경제와 대외교역 및 내수경제에 상당한 비중을 차지하고 있어 몽골의 정치와 정책에 직간접적으로 영향력을 행사할 수 있다. 우려되는 것은 그뿐이 아니다. 몽골의 국가안보에도 부정적 영향을 미칠 가능성도 상당히 높다. 이러한 상황은 사회주의시기 소련에 의존했던 아쉬운 역사가 반복될 위험을 초래할 수 있기 때문이기도 하다. 몽골에게 중국은 점차 강대해지는 이웃으로서 몽골에게는 '기회이자 곧 위협'임을 인식하고 치밀한 계산 하에 외교정책을 수립하고 추진해야만 할 어려움에 직면하고 있다.

소련, 소련 지배, 소련문화에 대한 인식

지도를 보면 북쪽으로는 러시아, 남쪽으로는 중국과 국경이 접하는 바다가 없는 대륙국가가 바로 몽골이다. 역사적으로 보면 1206년 칭기스칸에 의해 건립한 몽골제국이 금나라를 정복했으며 이 금나라는 러시아를 거의 300년 동안 다스려왔다. 금나라는 러시아의 통치, 행정, 법률, 이념에 영향을 미쳤을 뿐 아니라 러시아를 아시아와 유럽이라는 두 지역에 '유라시아Eurasia'의 형태로 변화하는데 크게 이바지했다고 보는 견해가 지배적이다.

금이 멸망한 후 러시아는 세력을 회복하고 피터 대제부터 영토확장 정책을 추진했다. 그 결과 시베리아, 코카서스Caucasus지방, 중앙아시아 지역을 확장정책이 전개되어 시베리아에 거주하던 민족중의 하나로 바이칼호수 주변에 살고 있던 부리야트 몽골족의 영토를 점령하고 셀렝게강 유역의 히악트Khiagt까지 영토를 확장하였다. 1721년 러시아와 청간에 '캬흐트 협약'을 체결함으로서 양국간의 국경이 확정되었고 오늘날 몽골의 북쪽 국경이 러시아의 남쪽 국경이 된 것이다. 러시아 세력권이 확대되어 점차 부리야트, 투바, 칼미크족 등 여러 몽골족이 러시아 영향권으로 편입되어졌다.

1917년 러시아에서 볼셰비키들이 구체제를 전복시키고 새로운 국가를 수립하였다. 레닌 정부는 아시아의 식민지 및 반식민지 상태에 놓인 국가와 인민들에게 제국주의의 지배에서 벗어날 수 있다는 기대와 희망을 불러일으켰다. 당시 몽골은 중국의 지배에서 벗어나기 위해 소련에 도움을 요청하였고 1921년 소련의 적군이 몽골에 진주하게 됨으로서 몽골을 중국군에서 해방시키고 공산주의라는 새로운 이념의 씨앗이 뿌려지게 되었다.

1911년 민족적 독립운동은 청의 종속적 식민지상태에서 벗어나는 것을 의미했고, 1921년의 민족인민혁명은 독립을 목표로 한 것이었다. 약소국으로서 소련과의 동맹을 통해 독립을 쟁취하려 했으나 소련은 군사적 지원외에도 몽골에 있어서의 자국 영향력 강화 및 공산주의 국가체제로의 전환 등과 같은 전략적 목적이 따로 있었다.

1921년부터 소련의 영향력은 급속히 강화되었고 특히 공산주의 이념의 확산 및 수출, 공산주의 정권의 수립 및 실험이라는 전략적 계획에 제일 먼저 몽골이 포함되었다.

중국의 영향력과 지배에서 벗어나려는 민족운동을 전개하는 몽골의 애국지사들을 소련이 이용하여 점차 자신의 세력기반을 강화하는데 성공했다. 소련과 중국이라는 강대국과 국경을 맞대고 있는 약소국 몽골의 선택은 소련이었고 이는 자연스러운 것이었다. 소련의 몽골지원은 전략적 이유에 기인한다. 우선 중국과 직접적인 충돌을 피하기 위한 중간지대이자 완충지역이 필요했고, 둘째는 중국, 티벳, 한반도에 공산주의 이념을 수출하기 위한 경유지이자 시험대상이 필요했던 것이다. 뿐만 아니라 몽골에 있던 모든 외국기업, 은행, 기업인들을 모두 강제 출국시킴으로서 소련이 생산한 제품과 상품만을 교역할 수 있는 독점적 무역구조를 구축하려했던 것이다. 넷째는 몽골의 원자재, 광물자원, 가축을 소련이 낮은 가격으로 공급받을 수 있는 특수한 권리를 부여받기 위한 것이었다.

이러한 정책적 이유에서 추진된 소련의 몽골지원 및 관리정책은 소련에서 파견된 고문단과 대표단이 작성하여 몽골성부에 제출하여 이행을 촉구했다. 몽골국민간의 분규, 학자와 승려들에 의해 집필된 지적재산과 불경, 전통적 가치관과 이념은 훼손되었고 대신 레닌과 스탈린 주의에 기초한 공산주의적 이념이 강조되었다. 러시아가 강요한 억압정책은 개인의 종교적 자유를 박탈하고, 사유재산의 금지, 기타 이념에 대한 자유를 제한하는 것이 포함되었다. 대규모 가축을 소유한 자나 제후, 고위 승려, 상속자들의 재산은 압수되었고 일부는 감금, 고문, 사형을 당하기도 했다.

1930년 세계적 대공황기에는 무고한 수 천명이 목숨을 잃었고 학자들에 의하면 몽골 성인 남자의 5분의 1이 사형이나 감금당했다고 한다. 1946년에는 800년 동안 사용해 왔던 몽골의 문자사용을 금지하고 소련식 키릴문자를 공식문자로 채택하여 지금까지 쓰고 있다. 또한 호적상에 성을 사용하는 것을 금하고 아버지 이름을 성으로 사용하도록 했다. 이 규정은 중국과 소련에 있는 몽골족과의 연결을 차단하고 연계성을 중단하려는 것이 목적이었다. 소련에 거주하는 몽골족들은 러시아식 성을 사용하도록 강요당했으며 중국 또한 중국거주 몽골인에게 중국식 이름을 강요하고 있다.

몽골에서는 소련과 유사한 정치조직과 제도가 만들어졌다. 몽골인민혁명당, 몽골개혁청년연합, 여성기구, 학생연맹 등 다양한 조직들이 만들어졌다. 수 천년 간 자신이 소유하여 가축을 기르던 유목민들의 가축은 모두 국유화되었고 대신하여 국영집단농장이 소유권을 불하받았다. 경제구조는 사회주의 계획경제로 변환되었고 개인의 소유권은 인정되지 않았고 폐지되었다. 소련의 영향으로 인하여 소련식 문화도 함께 급속히 발전하여 사회속에 파고 들었다. 몽골 전통 술대신 소련의 보드카vodka를 대량으로 생산하는 공장이 세워졌다. 뿐만 아니라 부정, 책임회피, 독직, 수뢰, 허위보고서 등 소련의 관료적 문제점들이 고스란히 몽골에까지 전해졌다.

그렇다고 해서 소련의 몽골지배가 반드시 부정적인 것만 있는 것은 아니다. 긍정적인 측면과 긍정적 성과도 많다. 우선 20세기 초 낙후된 후진성 봉건주의 사회에서 탈피하여 몽골이 현대국가로 변환된 것이다. 보건, 문화, 교육, 그리고 사회적 인식에서도 상당한 개선이 있었다. 문자해독률이 높아져 아시아 국가들 중에서 교육 및 사회문화 발전국가의 하나로 선정된 것도 러시아의 기여가 적지 않았다.

소련의 명문대학교에서 수 천여 명의 몽골유학생들이 대학교육을 받을 수 있게 되었고, 소련 원조에 의하여 수많은 공장과 산업시설, 공공시설, 도시, 철도, 발전소, 아파트, 학교, 유치원 등도 급격히 건설되고 발달되었다. 또 하나 부인할 수 없는 것은 소련이 막강한 군사력을 보유하고 있었기에 몽골이 안보적인 측면에서 안정적인 환경을 조성할 수 있었다는 점도 지적되어야 한다.

소련이 몽골에 미친 영향을 평가하는 것은 결코 쉬운 일이 아니다. 단지 몽골과 소련간의 양자간의 관계에서 보는 것이 아니라 20세기의 인류의 발전과정, 현대화라는 요소들을 고려하여야만 한다. 그 중에서도 동북아시아에서 일어났던 복잡한 국제관계의 상황과 현상에서 그 답을 찾아야만 우리가 한 발 더 사실에 가까이 다가갈 수 있을 것이다.

일본과 미국: 전략적 동반자

일본과 미국에 대한 몽골인의 인식과 생각을 살펴보기 전에 양자간의 교류의 전개와 역할, 그리고 일본인과 미국인을 보는 시선의 초점, 역사 등을 먼저 알아볼 필요가 있을 것이라 생각된다. 몽골이 이미 오래전부터 세계지리에 대한 전통적 지식이 발달되어 있었지만 바다를 건넌 국가들에 대한 지식은 별로 없었다는 것이 사실이다. 마르코 폴로Marco Polo가 쓴바와 같이 몽골제국은 이미 일본에 대하여 어느 정도 알고는 있었으나 중국상인들에게서 들은 단편적인 지식에 그쳤을 가능성이 높다.

신화속의 나라로 인식되었던 일본을 정복하기 위해 선단을 출정시켰지만 예기치 않은 태풍으로 대파하고 말았다. 일본사람들이 정복자인 몽골을 격퇴시켜준 신성한 의미라는 '카미카제Kamikaze'로 부른 것이 이때의 일이다. 몽골의 역사기록이나 설화에는 몽골의 일본정벌에 대한 역사나 공식기록이 존재하지 않고 있다. 고려인과 중국인들로 이루어진 해군이 위주였고 몽골의 군대가 거의 없었다는 이유로 설화나 역사가 이를 기술하지 않았을 수도 있다.

19세기에 접어들면서 일본과 미국에 대한 인상과 인식이 형성되었다. 만주족인 청나라의 황제들은 몽골 출신 귀족들을 귀족계급에 포함시켜 만주족 제후처럼 대우하고 4개의 계급을 하사했다. 1636년 내몽고의 귀족들과 만주족이 연합하여 북경을 공략하고 만리장성을 정복하여 북경에 청을 건국했다. 내몽고의 역사가들은 몽골의 제후들이 청의 건국에 기여했다는 이유로 만주족과 동등한 대접고 존경을 받았다고 기술하고 있다. 청나라의 장수와 고위 무관들은 모두 만주족이거나 몽골족이었고 홍콩을 보호하기 위해 전쟁을 치렀던 셍게반칙Sengevanchig, Se Wang도 내몽고 사람이었다.

1912년 중화민국이 건국하기 전인 1911년 12월 29일 몽골은 청으로부터의 완전 독립을 선포하고 몽골불교계의 지도자인 잡잔담바Javjandamba를 몽골황제로 추대했다. 전쟁, 외교적 측면에서도 몽골인의 참여가 적지 않았기 때문에 청나라에서의 대일, 대미정책에서 참여할 가능성이 높았다. 몽골이 독립을 선포할 당시 영국, 독일, 프랑스, 러시아 이외에도 일본과 미국을 독립선언서에 언급하였던 것이다. 이는 일본과 미국으로부터 독립을 인정받고 또한 정치 및 외교적 지원을 기대했었기 때문이다.

일본과 미국에 대한 인식은 20세기에 들어와 더욱 구체화된다. 일본의 제국주의자들이 1932년 만주지역에 괴뢰정부인 만주국을 세우게 됨으로서 몽골인민공화국과 국경을 맞대게 되었다. 1936년의 국경 무력충돌은 6개월간이나 지속되었다. 이 사건은 일본역사에 '노몬 한Nomun 충돌'로 기록되고 있으며 몽골의 역사책에도 '할힌골Khalkh Gol'전쟁이라 기록되고 있다. 이 사건은 휴전협약에 의해 곧 종료되었지만 아직도 해결해야하고 풀어야 할 숙제가 많이 남아있다고 본다. 무력충돌 우세한 장비와 기술을 동원해 전투를 치른 당시 소련의 장군인 주코프Jukov가 일약 유명해진 사건이기도 하다. 이후에도 몽골인민공화국 국민군이 중국의 항일투쟁에 참여함을 계기로 고비-향간興安지역에서 소련과의 연합작전으로 내몽고의 해방전쟁에 참여하기도 했고, 베이징, 만주, 한반도의 전쟁에도 소련군과 함께 참여하게 된다. 1939년, 1945년의 전쟁당시 일본에 대한 몽골의 인식은 '점령자', '제국주의자', '착취자'라는 꼬리표를 달게 된다.

제2차 세계대전이 끝난 후 공산주의자들은 미국이야 말로 제국주의국가들의 우두머리이자 공산주의의 최대의 적이라고 선전했다. 한국전쟁이 끝난 후 몽골은 북한에 대해 다양한 형태의 지원을 제공했고 일본과 미국에 대한 감정은 더욱 악화되었다. 악화된 이러한 인식은 향후 70년간 계속된다.

1990년이후 몽골은 이념적 부담과 압력에서 벗어나 외국과 자연스럽게 교류하기 시작하였다. 이 때부터 일본과 미국에 대한 정보를 여과 없이 듣고, 보고, 얘기하고, 서로 협력하고 교류함으로서 실용적이고 현실적인 경험에 바탕을 둔 인식이 형성되기 시작했다. 몽골사람들의 미국과 일본에 대한 최근의 인식은 상당히 호의적이다. 일본과 미국을 선진국으로 인식하고 있으며 일본인과 미국인들을 고학력, 지혜롭고 성실한 국민으로 평가한다. 혹자는 '1939년 몽골이 일본에 패배했었더라면일본의 식민지가 된남한처럼 발전했을지도 모른다'고 하는 순진한 생각을 하는 사람들이 있는 것을 보면 '점령자이자 제국주의자' 로서의 일본의 이미지가 급속히 바뀌고 있음을 보여준다.

몽골인들은 일본인들이 너무 성실하고, 똑똑하고 예절이 바르다는 생각을 가지고 있으며 미국인들은 성실하고 걱정꺼리가 없고 독립심이 강한 사람이라고 평가한다. 미국인의 낙천적인 성격과 독립성은 몽골족의 특성과 유사하기는 하지만 예절바르고 성실한 것은 몽골사람들과 거리가 있다.

이러한 생각을 갖게 한데는 소프트 파워라 불리는 사회, 문화, 예술, 교육, 환경적 요소가 영향을 미친 것으로 보인다. 몽골사람들은 미국하면 음악, 헐리웃 영화, 인터넷 등을 연상하고, 일본은 일본을 전자제품, 자동차, 비니오 게임 등을 떠 올린다. 몽골사회에 일본의 전통문화를 소개해 준 것은 몽골의 씨름 선수가 일본의 전통씨름인 스모경기에서 챔피언에 등극한 사건이었다. 유명인이 된 몽골선수 아사쇼류Asashoryu가 은퇴할 때까지 몽골사람들의 스모와 일본의 문화에 대한 관심은 식을 줄 몰랐다. 오늘날 세계 최고의 선진국인 미국과 일본에 대한 몽골인의 인식이나 정향은 전반적으로 긍정적이라 할 수 있다.

무지개 한국: 새로운 반려자

몽골은 한국을 '솔롱고스Solongos'라고부른다. 1240년에 출간된 '몽골비사Mongoliin Nuuts Tovchoo'에도 '솔롱가Solonga'로 기록되어 있다. '솔롱고스'란 말은 '무지개'라는 의미의 몽골어 '솔롱고Solongo'에서 유래되었을 가능성이 크다. 오늘날 동몽골, 내몽고 바르가, 훌룬부이르Khulunbuir의 옛 조상들이 '우리는 만주에서 백두산까지 이동했었다. 백두산 뒤에는 항상 무지개가 떠 있었고, 백두산 넘어 사는 국가는 곧 무지개의 나라이니 '솔롱고스'라고 부르노라'라고 했다고 전해진다. 일부 몽골의 학자들이 한국의 전통 의복인 한복의 저고리의 색동무니가 마치 무지개의 모습을 하고 있다고해서 무지개의 의미인 솔롱고스라 부르게 되었다고 주장하기도 한다.

13~14세기 당시 고려가 몽골제국에 바치는 조공품에는 한지, 붓, 먹과 같은 문화상품이 많았다. 그래서 당시 몽골인들은 한국을 교육문화의 천국으로 보는 경향이 있었다. 오늘날 바티칸 박물관에 보관되어 있는 한 유물이 이를 뒷받침한다. 1305년 페르시아 땅에 건설되었던 '일칸국' 의 '아르군Argun', '울제이투Ulziit' 등의 몽골의 황제들이 프랑스의 필립Philippe le Bel에게 쓴

편지지는 한국고려에서 생산되었다고 연구자들이 증명하고 있다. 이러한 예에서 보더라도 고려의 뛰어난 문화는 유럽과 아시아로 퍼져나가 인기를 끌었음을 보여준다. 15~19세기 몽골 역사기록서에는 한국을 "흰색의 한국"으로 기술하고 있다. 목축이 주업인 몽골인들에게 흰색은 투명, 선한 마음, 보름달, 올바르다 등과 같은 의미를 상징한다. 역사적 기록에 나타나는 몽골인들의 한국에 대한 인식은 '긍정적이며 친근했다'라는 것을 알 수 있다.

20세기에 들어와 몽골과 한국은 제국주의국가들의 억압하에서 민족간의 갈등과 분단이라는 아픔을 함께 겪었다. 1910년대 몽골의 신문에 일본의 식민지 지배하에서 고통을 겪으면서 독립운동을 전개하는 한국의 모습이 소개되고 이는 몽골의 독립운동의 촉발에도 기여했다고 생각된다. 1950년대는 한국전쟁으로 생겨난 전쟁고아 200명을 몽골정부가 데려와 입양시켰고, 전쟁시에는 식료품, 의류, 인도적 지원뿐만 아니라 수천 마리의 말, 소, 양을 북한에 제공하기도 했다.

1990년 공산주의 체계가 붕괴되자 몽골도 정치적으로는 민주주의체제로, 경제적으로는 시장경제로의 이행이라는 체제변환이 시작되었다. 개혁개방은 외교관계를 변화시켰다. 무엇보다도 몽골은 1990년 3월 26일 아시아 공산주의국가들중에서 최초로 한국과 국교를 수립했다. 이는 러시아, 중국보다 도 더 빨리 공식적 외교관계를 수립한 것이다.

지난 21년동안 한국을 보는 몽골인들의 인식은 다양하다. 몽골정부는 '단기간내 급속히 발전한 경험을 몽골이 배워야 한다'고 보고 있으며 중산층에게는 '무역, 사업, 교육환경이 좋은 나라'로 인식되고 있고, 저소득층에게는 '한국에 근로자로서 돈도 벌고 시야를 넓힐 수 있는 나라' 등의 다양한 이미지가 존재한다. 몽골사회와 대중들에게도 한국의 드라마, 음악, 가요, 음식, 화장품을 주로하는 한류가 급속히, 그리고 꾸준히 확산되고 있다. 몽골과 한국관계, 그리고 국가이익이라는 점을 서로 연결해 보면 밝은 전망이 보인다.

몽골은 강대국틈새에 낀 상태로 존재하고 있기 때문에 모든 행동에서 강대국의 눈치를 보지않을 수밖에 없는 입장에 처해 있다. 러시아와 중국이외의 제3국으로부터의 지원이나 협력, 투자는 마치 '공기와 물'처럼 필수적인 것이기 때문에 최근 '제3의 이웃'정책을 통해 독자성과 자주성을 강화하고 있다. 이러한 전략적 사고의 변화 속에서 한국은 '제3의 이웃'이 분명하다.

국제관계에 '완충지대Buffer zone'이라는 용어가 있다. 어떠한 국가나 지역에 있어서 예측할 수 없는 위험부담, 전쟁 또는 군사적 충돌을 방지하기 위해 양국의 영토 중간지역 설치되는 비무장지대 또는 중립지대를 일컫는다. 몽골어로는 '방배국가' 또는 '완충국가'로 번역할 수 있다. 강대국가들 중간에 위치하고 있다는 지리적 이점을 이용하여 강대국간의 충돌을 저지하고, 방지하는 것이 국가의 외교정책 구성요소의 중요한 일부분이 되는 것이다. 이러한 완충국가는 지정학, 국경, 경제적 상호보완, 무역 및 투자 등의 영역에서 발생할 수 있는 강대국에의 의존을 감소시키기도 한다. 이 책의 주제와 연결시켜 볼 때 한국은 분명 동북아에 위치하는 몽골의 완충지대로서의 역할을 수행해 나갈 수 있을 것으로 생각된다.

몽골에서 체제변환기라 부르는 1990년대 초 몽골사회는 경제적 어려움을 겪었을 뿐아니라 지금도 높은 실업율과 빈곤이라는 사회적 경제적 문제에 직면하고 있다. 지난 20년 동안 몽골에서는 수천명의 노동자들이 해외로 나가 일한 대가로 번 수십억 달러의 외화를 몽골에 송금하고 있다. 이들 근로자들이 송금한 달러는 분명 몽골의 경제 활성화에 도움이 되었고 정부가 추진하는 여러 가지 프로젝트보다 더욱 성공적인 것으로서 정부의 주택건설 프로젝트인 '아파트화 프로젝트'에 최대 투자자가 되었다. 또한 청소년들에게 근로에 대한 성실성을 교육하는 것에도 크게 기여했다. 한국에서 송금하는 금액이 상당하였기 때문에 몽골의 은행들이 속속 한국에 지점을 설립했고 공무원들의 교육훈련, 세미나, 무상원조, 사업활동도 더욱 적극성을 띠고 있다.

체제 변환기 어려운 시절을 겪었을 때 한국으로부터 받은 지원과 도움을 잊지 말아야 한다. 광물자원 개발, 가공, 제련공장 설립 등 국가발전에 중대한 역할을 지닌 프로젝트에 한국에서의 5대기업이 참여계획을 밝힌 것은 동반자관계를 더욱 공고히 하기 위한 협력이다. 한국인과 몽골인의 엉덩이에 몽골반점이 있다고 수 백번 외치기만 하고 행동하지 않으면 시시각각 발전하고 변화하는 세계의 발전을 따라잡지 못한다.

몽골과학기술대학교에서만도 한국정부의 국비유학생으로 선발되어 현재 유수대학에서 석박사과정을 밟고 있는 몽골의 유학생수가 50여명이 넘는다. 광업, 도로건설, 건축학, 토목, 정보통신, 전력, 컴퓨터, 공학 등 필요로 하는 분야에도 많은 미래의 인재들이 유학중이다. 몽골국립대 교수들도 한국에서 산림, 생물학, 경제, 정보통신, 화학 등 특화된 전공을 공부하고 있다. 지금 한국에는 학사, 석사, 박사 과정에 총 3000여명이 몽골유학생이 수학중이다. 오늘날 몽골의 대학교육의 기초를 한국이 만들었다고 하는 말이 빈말로 들리지 않는 부분이다.

아직 몽골에는 미래를 향한 몽골의 발전모델은 구축되지 않았다. 한 마디로 몽골의 현상황은 민주화라는 배를 타고 있으나 목적지를 모르는 선장이 키를 잡고 있는 상황과 유사하다. 그 짧은 시기에 민주주의와 경제발전이라는 두 마리 토끼를 한꺼번에 잡고, 교육과 보건의료분야를 세계수준으로 끌어올린 한국을 지체없이 배워야 한다. 한국은 사회에 직면하는 문제들을 단지 10~20년이라는 짧은 시간에 해결한 나라다. 사회의 전반적인 민주화는 수출과 생산 지원책이라는 경제정책에도 긍정적 영향을 미쳤고, 보행자와 운전자문화, 식품안전과 같은 사회적 책임과 의무의 중요성을 일깨워주기도 했다. 배울 것이 한 두 가지가 아니다. 경험을 알고있어도 실행하지 않으면 도움이 되지 않는다. 관련된 정책을 개발하여 서울에 주한몽골대사관의 능력있는 몽골 직원들을 통한 정책 확립과 실현을 위한 시의적절한 실행이 필요하다.

이렇듯 한국은 발전, 사회 및 인적자원의 양성이라는 정책들을 성공적으로 추진하고 있는데 몽골정부는 이러한 정책에 대한 경험을 정부차원에서 연구하고 학습하는 대신 서로의 잘잘못만 따지고 있고 서로를 비난만 하고 있다. 수많은 사람이 교류하면 장단점이 당연히 존재하지만 가끔씩 들리는 안 좋은 사건은 더욱 과장되어 양국관계를 손상할 목적으로 언론 자유를 이용하는 것은 아쉬운 사실이다. 대신에 문제를 관할 기관에서 해결하였으면 한다.

결론적으로 말해 몽골인들의 가족이나 친척중에서 최소한 한 명은 한국에서 송금한 귀중한 달러로 체제전환기의 어려움을 극복했다. 우리의 근로자들의 송출을 정책으로 지원한 나라는 한국이 유일하다. 이제 약국간의 교류는 민간교류차원으로 전환되었고 새로운 세기에 새로운 관계로 한 단계 도약할 시점에 도달해 있다고 볼 수 있다. 몽골의 지하에 매장되어 있는 광물자원의 개발 및 활용은 양국정부가 직접 나서야 할 일이다. 몽골과 한국은 다가올 앞으로의 20년을 위해서는 공동목표를 설정하고 이를 달성하기 위해 외교단계를 한 단계 격상하여야 할 시기가 왔다고 본다.

북한, 남한 그리고 몽골

1948 몽골은 북한과 외교관계를 수립하였다. 그 이후 한반도의 분단과 중국대륙의 공산화 전세계 적인 냉전으로 몽골의 한반도는 반쪽으로 이어져 왔다. 그 이후 대한민국의 북방정책으로 소련과 중국 보다 먼저 몽골과 외교관계를 수립하면서 한국인들의 인식에 몽골이라는 나라가 다시 들어왔다. 새로운 교류관계가 21년이 지났지만 아직도 한국인들은 몽골이란 나라에 대해 알 수 있는 정보가 제한되어 있다.

몽골에 있어 '솔롱고스' 는 두 개의 나라이다. '새 친구가 생겼다고 옛 친구를 버리지 못한다'는 몽골 속담이 있듯이 몽골이 처한 미묘한 관계를 말해 준다. 몽골에 있어서 한국은 경제적으로 중요하나 파트너이기도 하지만 또한 북한도 한국과 마찬가지로 몽골의 대외 정책과 전략에 매우 중요한 변수이기 때문이다.

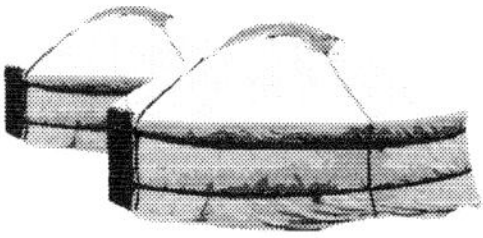

6장 이제는 몽골이다: 다시 보는 몽골경제

김홍진 (순천향대학교)

시장경제로의 전환

몽골은 지난 세기 구소련에 이어 세계에서 두 번째로 사회주의 국가로 탄생한 나라이다. 20세기 초반까지 청나라의 지배를 받던 몽골은, 당시 사회주의 혁명에 성공한 구소련의 도움을 받아 독립을 선언하고 사회주의체제를 도입하였다. 이는 중국의 지배를 벗어나기 위한 어쩔 수 없는 선택으로 봐야 할 것이다.

이로 인해 몽골은 70년 동안 구소련의 영향을 가장 많이 받은 나라가 되었다. 정치외교 측면에서 구소련의 안보 우산 아래 있었으며, 사회문화 모든 분야에서 구소련의 제도를 도입하였다. 교육 분야에서도 구소련의 학제를 답습하였다. 1960년대 중소분쟁이 발생했을 때는 구소련 군대가 대규모로 몽골에 주둔할 정도로 혈맹 관계를 유지하였다. 지금도 몽골은 정치경제적으로 러시아의 영향을 많이 받고 있으며, 교육받은 지식인들은 대부분 러시아어를 사용할 줄 안다. 몽골은 '작은 소련The Little Soviet'이라고 불릴 정도로 구소련 체제와 밀접하게 연관되어 있었다.

경제적인 면에서도 몽골은 구소련에 크게 의존하였다. 구소련은 몽골의 최대 교역상대국이었으며, 몽골의 경제발전을 위해 자본과 기술을 대폭 지원하였다. 몽골에서 사용하는 석유를 대부분 무상 지원하였고, 많은 기술자를 파견하였다. 몽골의 대외 경제관계는 구소련을 비롯하여 동유럽 옛 공산권 국가들의 경제협력체인 상호경제원조회의CMEA, Council for Mutual Economic Assistance를 통해 이루어졌다. 몽골은 자본주의 국가와는 거의 교류가 없는 은둔의 나라로 인식되었다.

그러나 1990년 구소련 체제가 붕괴되는 세기적 사건이 발생하였다. 중앙아시아 지역에 있던 많은 구소련 연방 국가들이 독립하였고, 동유럽 구 공산권 국가들도 구소련의 영향에서 벗어나게 되었다. 이 국가들은 대부분 새로운 경제체제로 시장경제를 선택하였고, 몽골도 마찬가지였다. 사회주의체제의 비능률은 최고조에 달한 것으로 보였고, 개혁과 개방은 세계적 대세였다. 세계무역기구WTO의 출범을 앞두고 세계는 개방의 큰 물결이 휩쓸고 있었다. 시장경제체제로의 전환은 지극히 당연한 결과로 받아들여졌다.

하지만 시장경제의 길은 예상보다 험난하였다. 구소련의 영향이 워낙 컸기 때문에, 구소련 경제와의 단절은 몽골경제에 큰 충격을 줄 수밖에 없었다. 대부분 물자를 구소련과 CMEA에 의존해 오던 몽골은 먼저 심각한 공급부족 현상을 겪게 되었다. 구소련으로부터 제공받던 부품과 기계, 석유 등 원자재 공급이 갑작스럽게 중단됨에 따라, 구소련의 기술에 크게 의존해 왔던 몽골산업은 심각한 타격을 받게 되었다. 공급부족 현상은 먼저 천정부지의 인플레이션을 초래하였다. 1993년 250퍼센트가 넘는 하이퍼인플레이션hyperinflation을 겪었고, 그 이후 수년 동안 수십 퍼센트의 높은 인플레이션에 시달려야 했다. 원래 제조업 기반이 약한 몽골경제는 지금도 종종 공급부족으로 인한 인플레이션을 겪고 있다.

구소련과의 단절은 경제성장에도 심각한 영향을 초래하였다. 1990년 시장경제 전환이후 내리 3년 동안 마이너스 성장을 기록하였고, GDP는 20% 가까이 감소하였다. 마이너스 성장은 실업을 증가시키고 빈곤을 더욱 악화시켰다. CMEA 국가들과의 교역이 위축된 것은 물론, 몽골의 주요 수출품목인 구리와 캐시미어의 국제가격 하락은 설상가상의 어려움을 더하였다. 몽골은 10년이 지난 2000년이 되어서야 개방 이전의 경제수준을 회복할 수 있을 만큼 혹독한 시련을 겪게 되었다.

그러나 몽골은 21세기에 접어들면서 본격적인 성장의 길로 들어서게 된다. 여기에는 국제원자재 가격의 상승이라는 우호적 환경이 먼저 크게 작용하였다. 몽골의 주력 수출상품인 구리와 금, 석탄 등 원자재 가격 상승은 몽골경제의 회복에 큰 힘이 되었다. 아울러 1990년대 체제전환을 겪으면서 기초를 잘 다진 점도 큰 역할을 하였다. 즉 체제전환으로 인해 마이너스 성장과 높은 인플레이션이 공존하는 스태그플레이션stagflation을 겪으면서도, 몽골은 가격자유화 정책과 시장개혁 등 시장경제체제에서 갖추어야 할 제도 정비를 착실히 추진하였다. 그 결과 몽골은 비효율적인 사회주의체제의 유산을 원만히 극복하고 시장경제체제를 정착시킬 수 있었다. 이러한 성과는 중앙아시아와 일부 동남부 유럽의 여타 체제전환 국가보다 우수한 것으로 평가받고 있다.

몽골은 시장경제체제로 전환하면서 금융시장에서도 일대 변혁과 혼란을 겪어야 했다. 사회주의 시절 몽골의 금융시장은 단일은행mono-bank체제였다. 중앙은행 하나가 화폐발행 기능과 상업은행 기능을 모두 담당한 것이다. 몽골은 중앙은행의 기능을 분리하여 정책금융기관과 상업은행을 따로 설립하였으며, 중앙은행은 화폐발행 기능과 통화정책만 담당하도록 재편되었다. 그러나 금융시장의 체계는 갖추었지만, 금융전문가 부족과 운영경험 미숙으로 많은 금융기관이 부실화 되었다. 은행 대출금 상환이 제때 이루어지지 않음으로써 은행의 부실대출은 눈덩이처럼 쌓여갔다. 몽골은 1998년부터 부실 금융기관을 정리하고 금융시장을 재정비하는 등 시행착오에 대한 대가를 지불할 수밖에 없었다.

한 나라의 경제체제를 바꾸고 그것이 정착하는 데는 보통 수십 년이 걸린다고 한다. 몽골도 이제 시장경제의 길로 들어선지 20년이 지났다. 인플레이션도 많이 안정되고 경제성장도 호조를 보이고 있다. 많은 시행착오가 있었지만, 중앙아시아 및 동유럽 체제전환 국가에 비해 성과가 양호한 것으로 보인다. 몽골은 1997년 세계무역기구WTO에도 가입하였다. 그만큼 개방과 개혁에 적극적이라고 할 수 있다. 몽골의 시장경제체제 전환은 비교적 성공적인 것으로 평가받고 있다.

커져가는 몽골경제

몽골 정부의 통계에 따르면 몽골의 총인구는 2010년 말 현재

278만 명이다. 이는 10년 전 총인구 237만 명과 비교하면 약 17% 증가한 수치로서, 인구 증가율은 꽤 높은 편이다. 반면 몽골의 국토 면적은 156만 평방킬로미터로서, 한국의 약 16배에 달한다. 따라서 인구밀도는 1.75명에 불과하여 세계에서 가장 낮은 수준을 기록하고 있다. 그만큼 광대한 국토에 비해 인구가 희박하다. 수도인 울란바타르 인구는 2010년 115만 명으로 총인구의 40%를 넘고 있다. 지방의 인구가 계속 수도로 전입한 결과인데, 이 때문에 지방은 인구 공동화가 지속되는 반면 수도는 오히려 과밀화 현상을 겪고 있다.

2010년 몽골의 1인당 GDP는 2200달러이며 2011년에는 3000달러를 넘은 것으로 추정되고 있다. 이는 10년 전 400달러 수준과 비교하면 7배 이상 증가한 것이다. 몽골은 2003~2008년 사이 주력 수출품인 구리와 금, 석탄 등 원자재 가격 상승에 힘입어 연평균 경제성장률이 8.7%에 이르렀다. 이러한 성장률은 중국을 제외하면 아시아 신흥 개발도상국 평균을 훨씬 상회하는 것이다. 2011년에도 당초 10% 정도의 성장을 예상하였으나, 실제로는 15% 이상의 성장률을 달성한 것으로 추정되고 있다. 10년 전만 해도 세계 최빈국 그룹에 속했던 몽골은, 이제 중소득국가군으로 발돋움하고 있다.

몽골의 주요 산업은 광산업, 목축업, 관광산업 등이며 제조업 비중은 상대적으로 낮은 편이다. 몽골에는 구리, 금, 은, 철,

석탄, 우라늄, 몰리브덴, 형석 등 주요 광물이 풍부하게 매장되어 있다. 이러한 광물 매장량을 종합하면 세계 10대 자원 보유국의 하나로 평가되고 있다. 그 중에서도 특히 구리와 금, 석탄의 매장량은 세계에서 손꼽히는 수준이다. 몽골 총수출의 80% 이상을 광물자원이 차지하고 있으며, 산업 총생산에서도 광업이 전체의 ⅔를 차지할 정도로 비중이 높다. 최근에는 첨단산업 소재를 만드는데 꼭 필요한 희토류 개발을 위해 외국인투자가 몰리고 있다.

목축업은 몽골의 가장 중요한 전통 산업이다. 최근 그 비중이 조금씩 하락하였으나 여전히 많은 인구가 목축업에 종사하고 있고, 산업 구성에 있어서도 그 비중이 광업 다음으로 높다. 몽골의 목축업을 구성하는 양, 염소, 소, 말, 낙타를 오축이라고 한다. 이는 광물자원 못지않게 중요한 경제자원으로, 사회문화적 가치도 매우 높다. 약 4천만 마리의 오축이 유목되고 있으며, 경제활동을 하는 인구의 34%가 목축업에 속해 있다. 육식을 즐기는 몽골 사람들에게 오축은 고기와 털, 가죽을 공급하는 소중한 동물들이다. 특히 몽골의 캐시미어는 질이 좋기로 유명하다. 겨울의 혹한과 여름의 높은 기온을 반복적으로 겪으면서 품질 좋은 캐시미어가 생산되기 때문이다.

관광산업도 몽골에서는 매우 중요한 산업이다. 오염되지 않은 천혜의 자연 관광자원과 몽골제국의 역사문화 유산을 보기 위해 많은 관광객이 몽골을 찾고 있다. 관광산업은 고용 효과도 크기 때문에, 몽골 정부는 관광산업 발전을 적극 지원하고 있다. 그러나 아직까지는 관광 기반시설이 부족하고, 더욱 다양한 관광 상품들이 개발될 필요가 있다.

몽골경제의 강점과 약점 요인을 분석해 보면, 약점도 많은 편이다. 우선 몽골은 국토 규모에 비해 인구가 적어 산업발전에 제약요인으로 작용하고 있다. 건조한 기후와 겨울의 혹한도 목축업을 비롯한 제반 산업발전에 지장을 주고 있다. '내륙국가 land-locked country'로서 원활한 물류와 운송에 어려움이 발생하고 있으며, 그 결과 높은 운송비용이 부담을 주고 있다. 거시경제 관리 측면에서 높은 인플레이션과 실업률이 경제안정에 걸림돌이 되고 있다. 또한 경제규모를 나타내는 총 GDP가 적어 사회간접자본 확충에 어려움을 겪고 있다.

그러나 몽골은 높은 미래 성장잠재력으로 인해 대외적으로 주목받고 있다. 몽골경제의 기본 특성은 자원기반 경제이다. 광업을 중심으로 한 자원산업이 몽골경제의 성장 동력이기 때문이다. 세계경제는 바야흐로 자원 확보 전쟁에 돌입하고 있다. 엄청난 광물자원을 바탕으로 몽골경제는 향후 유례없는 높은 성장을 보일 것으로 전망된다. 'BRICs'에 이어 새롭게 나타날 '신흥 경제국emerging economies'중에서 몽골이 주목받는 이유이다.

10대 자원부국 몽골

몽골은 세계 10대 광물자원 부국으로 80여종의 광물을 보유하고 있다. 주요 광물은 구리, 금, 은, 철, 석탄, 우라늄, 몰리브덴, 형석 등으로 최근에는 석유도 생산되고 있다. 내륙국가인 몽골은 운송 문제 등으로 자원개발에 어려움을 겪다가, 21세기 들어와 국제원자재 가격이 급등하면서 세계적 주목을 받고 있다.

몽골의 광업이 GDP에서 차지하는 비중은 2010년 기준 약 23%로서 단일 산업으로는 가장 높다. 2001년 그 비중이 8.4%에 불과했던 점을 생각하면 이는 매우 높아진 것이다. 더욱이 2013년부터 남 고비Gobi에 있는 오유 톨고이Oyu Tolgoi광산의 생산과 수출이 본격적으로 시작되면, 광업이 차지하는 비중은 더욱 높아질 것이다. 최근에는 석탄 생산이 증가하면서 그 비중이 점차 높아지고 있으며, 2011년 상반기에는 수출에서도 구리를 제치고 제1 수출품목이 되었다. 몽골의 총수출에서 광물 제품이 차지하는 비중도 압도적이다. 2010년 그 비중이 87%에 이르고 있으며, 대부분의 광물은 자원수요가 높은 중국으로 수출되고 있다. 광업은 몽골경제의 전략산업이자 성장의 핵심 동력으로 몽골의 자원기반 경제를 떠받치고 있다.

몽골은 많은 광산을 보유하고 있으나, 그 중에서 생산가능규모가 GDP의 5%를 넘고 사회경제적으로 큰 영향을 미치는 15개 광산을 전략광산으로 지정하여 관리하고 있다. 전략광산의 효율적 관리를 위하여 채굴권 승인, 투자보장계약 심의, 정부 지분율 결정 등에는 국회의 승인이 필요하다. 광산 개발방식에 따라 다소 다르지만 정부는 전략광산에 반드시 일정지분을 보유하도록 규정하고 있다. 정부예산으로 직접 개발한 경우는 50%까지 지분 확보가 가능하며, 그 외의 경우 34%까지 정부 지분을 보유할 수 있다. 몽골 전략광산에는 타반 톨고이Tavan Tolgoi의 석탄과 오유 톨고이의 금동 광산을 비롯하여 철, 우라늄, 몰리브덴, 인, 아연, 은 등 주요 광물이 고루 포함되어 있다.

지리적으로 볼 때 석탄은 주로 몽골 남부의 고비지역에 분포하고 있으며, 수도 울란바타르에 가까운 바가노르Baganuur에도 석탄 광산이 있다. 우라늄은 3개 광산이 모두 몽골에서 가장 동쪽에 위치한 도르노드 아이막Dornod Aimag에 있다. 아이막은 몽골 행정구역중 가장 큰 단위로 한국의 도道, 미국의 주州와 비슷하다. 도르노드는 러시아 국경과 가까운 지역으로 구소련 시절부터 이미 러시아와 연결하는 철도가 부설되어 있다. 구리는 남부 고비 지역과 북부 에르데네트Erdenet에 주로 분포하고 있다.

15개 전략광산 중에서 석탄 광산인 타반 톨고이석탄 65억 톤, 연간 4천만 톤 기준 약 150년 생산 가능, 금과 구리의 오유 톨고이광석 28억 톤 매장, 이미 오래전에 개발되어 생산 중인 구리광산 에르데네트광석 12억 톤 매장, 이상 3개 광산이 규모와 경제성 면에서 월등한 것으로 평가된다.

예컨대 오유 톨고이 광산의 경우, 2013년부터 생산이 시작되면 몇 년 후부터 대량 생산이 가능할 것으로 예측되고 있다. 현재의 금과 구리의 국제가격을 적용하더라도, 2017년 오유 톨고이 광산 생산액이 현재 몽골의 GDP 규모를 능가할 것으로 예상되고 있다. 오유 톨고이 매장량은 광석 기준 28억 톤으로, 구리 3700만 톤과 금 4500만 온스에 해당된다. 이는 매년 평균 74만 톤의 구리와 90만 온스의 금을 50년 동안 생산할 수 있는 양이다. 실제 생산은 2020년대에 최고조에 달할 것으로 예상되며, 2020년 구리 생산은 세계 생산량의 6%를 차지할 것으로 보인다. 2020년 이 광산의 금과 구리 수출이 GDP의 55%에 이르고 정부 재정수입의 20%를 상회할 것으로 추정되고 있다. 이는 이 광산 하나 만으로도 막대한 자본축적이 가능함을 보여주고 있는 것이다. 더욱이 오유 톨고이 주변에 추가 광상이 발견되면서, 그 역할 증대에 기대가 모아지고 있다.

타반 톨고이 광산은 현재 개발 주체를 정하고 있는 중이다. 미국과 러시아, 중국, 한국, 일본 등이 각자 컨소시엄을 형성하여 몽골정부에 신청한 상태이다. 타반 톨고이 광산의 석탄 매장량은 약 65억 톤으로, 톤당 가격 100달러를 적용하더라도 매장가치가 6천5백억 달러에 이른다. 이는 몽골경제에 있어서 '황금알을 낳는 거위'와 다르지 않다. 중국과 한국, 일본 등 주변국에서 석탄에 대한 수요가 높기 때문에, 몽골은 이를 전략적으로 활용할 가능성이 높다.

그러나 광업의 성장과 그 잠재력은 몽골경제에서 문제점도 야기하고 있다. 가장 전망이 밝고 주목받는 산업이 광업이기 때문에, 외국인 직접투자를 포함하여 국내 투자 또한 광업에 집중되어 왔다. 결과적으로 광업은 그 비중이 크게 높아진 반면, 농축산업과 제조업의 비중은 상대적으로 위축되는 문제를 야기하였다. '성장산업the booming sector'인 광업과 여타 '후퇴산업the lagging sector'의 명암이 교차되고 있으며, 양 산업 간 상대적 격차가 확대되고 있는 실정이다. 한편 광업의 성장을 배경으로 내수산업 시장의 유동성이 풍부해지면서, 서비스산업의 비중이 높아지는 현상도 발생하고 있다.

이러한 현상은 자원기반 경제의 특징 중 하나이다. 결국 몽골은 광업에서 발생하는 수익을 축적하여 여타 산업을 발전시킬 과제를 안고 있다. 산업의 다양성은 경제의 안정성과 밀접한 관계가 있다. 광업에만 의존하는 단순한 경제구조는 어느 발전단계까지는 가능하지만, 곧 성장의 한계를 맞이하기 때문이다. 몽골정부는 전략광산의 광물 개발을 통해 부가가치를 창출하고 기금을 축적하여, 이를 통해 경제성장과 근대적 산업발전을 이루어내야 한다. 정부의 효율성이 어느 때보다 중요한 시점이다.

또한 몽골은 바다가 없는 내륙 국가이기 때문에 자원 운송에서 높은 비용과 불확실성을 안고 있다. 즉 철도와 도로 인프라를 비롯하여 운송 기반이 취약하므로, 몽골은 자원산업의 성장 잠재력을 높이기 위해 철도를 비롯한 운송 인프라를 확충해야 한다. 물류비용이 절감되면 몽골의 자원 수출은 보다 높은 경쟁력을 얻게 될 것이다.

현재 몽골은 남북을 연결하는 간선 철도와 일부 지선을 보유하고 있을 뿐이다. 따라서 남부 몽골의 대규모 광산 개발을 위해서는 타반 톨고이와 오유 톨고이를 기존의 간선 철도와 반드시 연결해야 한다. 여기에 더하여, 철도를 동부 몽골까지 연장하여 연결함으로써 광물 수송 경로를 시베리아 철도와 연계하는 방안까지 검토해야 한다. 이는 국토의 균형적 개발과 광물 수송 경로의 다양성 확보 차원에서 중요한 과제이다. 몽골은 현재 철도 부설을 위한 외국인투자를 적극 유치하고 있다. 한국도 이러한 대규모 사회간접자본 건설에 참여하기 위해 적극 노력하고 있다.

'울란 카타르'의 꿈

막대한 자원을 기반으로 한 몽골경제는 중장기 성장 전망이 매우 밝은 편이다. IMF 보고서에 따르면 2016년 몽골의 총 GDP는 2010년 대비 3배 이상 증가할 전망이다. 이는 광업부문의 괄목할만한 성장 때문인데, 오유 톨고이 금동 광산이 본격적 생산을 시작하는 2013년에 광업부문은 58.3%의 엄청난 성장을 기록할 것으로 예상된다. 광업부문의 성장에 힘입어 2013년 경제 성장률도 약 23%로 전망된다.

2011년 몽골의 경제성장률은 당초 10%를 조금 상회할 것으로 전망되었으나, 최근 각종 지표의 호조로 성장률이 15%를 넘을 것으로 보인다. 대규모 전략광산 개발로 인한 외국인투자가 활발히 진행되고 있으며, 구리와 석탄 등 주력 수출품 가격도 높은 수준을 유지하고 있기 때문이다. 세계은행 자료에 따르면 몽골은 2011년 1분기 9.9%, 2분기 17.3%, 3분기 20.8%의 놀랄 만한 성장률을 기록하고 있다. 산업별로 보면 운송, 건설, 도소매 등이 성장을 견인하고 있다. 이는 오유 톨고이 광산 개발로 인한 대규모 설비 및 인프라 투자가 진행되고 있기 때문이다.

몽골의 1인당 GDP는 2011년 3천 달러를 넘어설 것으로 예상되고 있으며, 2013년에는 5천 달러에 이를 것으로 추정되고 있다. 나아가 중장기적으로 몽골의 1인당 GDP는 2016년 약 7600달러에 이를 것으로 전망되고 있다. 바야흐로 '중진국the middle income country'진입이 꿈이 아닌 현실로 다가오고 있다. 몽골정부의 '국가발전전략National Development Strategy'을 보면 몽골은 2021년 1인당 GDP 1만2천 달러를 목표로 하고 있다. 2015년 이후 매년 12%의 경제성장률을 달성한다는 야심찬 목표를 세우고 있는 것이다.

불과 얼마 전만 하더라도 몽골은 '금덩어리를 깔고 앉아 있는 거지' 신세라는 농담 반 진담 반의 자조적인 이야기를 들을 수 있었다. 막대한 천연 부존자원의 존재를 알고는 있으나, 개발에 필요한 자본과 기술이 없었기 때문에 나온 말일 것이다. 그러나 요즘 몽골에서는 '울란 카타르Ulaan Qatar'라는 말이 나돌고 있다. 이는 '붉은 카타르'라는 뜻으로, 몽골의 수도 울란바타르Ulaanbaatar가 '붉은 영웅'의 뜻을 가진 데서 유래된 것이다. 몽골도 머지않아 중동의 카타르처럼 세계 최고 수준의 1인당 GDP 국가가 될 것이라는 기대 섞인 말일 것이다. 다소 성급한 것이긴 하지만, 바야흐로 '팍스 몽골리카Pax Mongolica'의 시대가 재래할 것으로 믿는 사람도 있는 듯하다.

그러나 몽골경제는 인플레이션과 실업 등 여전히 산적한 과제를 안고 있다. 몽골의 인플레이션은 2010년 경제가 급격히 회복되면서 두 자릿수를 기록하였다. 2011년은 임금 상승과 식료품 가격 상승, 통화량 증가 등으로 20% 가까운 인플레이션이 예상된다. 몽골의 인플레이션은 교역구조와도 깊은 관련이 있다. 몽골은 석유는 러시아에서 수입하고 식료품은 주로 중국에서 수입하고 있다. 그로 인해 러시아의 석유 가격 변동과 중국의 식료품 가격 변동은 직접적으로 몽골의 인플레이션에 영향을 미치고 있다.

몽골경제가 안고 있는 또 하나의 과제는 높은 실업이다. 2009년 공식 실업률은 3% 정도이지만, 실제 실업률은 11.6%에 달하고 있다. 2009년부터 몽골통계청과 사회복지노동부의 공동 연구 및 합의에 의해 실제 실업률을 계산하여 함께 발표하기로 한 결과이다. 2010년 말 실업률은 13%로 상승하였다가 2011년 3월 9.4%로 하락하였다. 이는 봄철을 맞이하여 상당수 도시 임시직 노동자들이 고향으로 돌아간 결과이다. 몽골 도시 노동자의 상당수는 임시직 및 비정규직으로, 겨울철 도시로 이동하였다가 봄이 되면 돌아가는 형태를 반복하는 경향이 있다. '새천년개발목표Millennium Development Goal'의 하나인 청년층 실업률은 2009년 22%로 더욱 높게 나타나고 있다. 이는 몽골에서도 고졸 및 대졸 청년층이 취업할 수 있는 일자리가 그만큼 부족하다는 사실을 반증하고 있다.

실업 문제가 그만큼 심각하기 때문에, 몽골 정부는 2011년을 '고용지원의 해Employment Support Year'로 선포하고 7만 개의 일자리를 창출한다는 계획을 세운 바 있다. 도로, 운송, 건설 등 사회간접자본 부문과 광산업 등에서 새로운 일자리를 만들어 간다는 계획이다.

높은 실업률과 함께 빈곤 문제도 장기적 경제성장에 우려 요인이 되고 있다. 몽골의 빈곤가구 비율은 2003년 36%에서 수년 동안 낮아지는 추세를 보여 왔다. 이 기간에 몽골의 경제성장률이 높았던 점을 감안하면, 이는 경제성장의 과실이 각 계층에 고루 분배되었다는 바람직한 현상을 설명해 주고 있다. 그러나 2008년 세계 금융위기를 겪으면서 빈곤가구 비율은 다시 상승하여 2010년 39.2%를 기록하였다. 특히 도시가 아닌 목축 지역의 빈곤가구 비율은 거의 50% 수준에 육박하고 있다.

빈곤 계층이 널리 퍼져있다는 것은 그 자체로 대단히 큰 사회경제 문제이다. 나아가 경제성장의 저변을 확대함으로써 지속가능한 장기 성장을 달성하려면 이는 반드시 해결되어야 할 시급한 과제이다. 경제가 성장하면서 빈곤 계층이 감소하고 소득격차가 감소할 때, 경제성장은 더욱 강력하고 오래 지속될 수 있다. 나아가 사회안전망 확충과 경제성장은 서로 배타적이지 않고 오히려 상호 강화 작용을 할 수 있다.

각 소득계층이 '경제성장의 과실을 넓게 공유broadly shared growth'할 때, 더욱 강력한 성장을 기대할 수 있고 그러한 성장이 지속가능하다는 것이다. 만약 성장의 과실이 소수 계층에 집중된다면, 그러한 성장은 지속되기 어려울 뿐만 아니라 장기적 성장에도 해로운 것이다.

몽골은 시장경제를 도입한 후 소득 격차가 확대된 것으로 나타났다. 과거 국유 자산을 민영화하는 과정에서 일부 계층에 특혜가 돌아간 측면도 있다고 본다. 그러나 시장경제 도입 초기에 발생하는 소득 격차는 필요악과 같은 성격을 가진다. 새로운 제도에 빨리 적응하는 경제주체와 그렇지 못한 경제주체가 공존하기 때문이다. 이제 시장경제 도입 20년이 지난 만큼, 몽골정부는 소득 격차를 완화할 수 있는 제도 정비를 위해 더욱 힘을 기울여야 할 것이다.

한국과 몽골 새로운 경제교류의 문을 열다

한국과 몽골은 1990년 3월 공식 외교관계를 수립한 이후 선린 우호 관계를 유지하고 있다. 특히 수교 20주년을 맞은 2010년은 '몽골에서 한국의 해The Year of Korea in Mongolia'로 지정되어 다채로운 행사가 펼쳐졌다. 2011년은 '한국에서 몽골의 해The Year of Mongolia in Korea'로 지정되었고, 몽골 총리가 방한하여 국립극장에서 성대한 개막식을 치르기도 하였다. 그동안 양국은 교역규모의 성장, 해외직접투자의 증가 등 경제 전 분야에서 괄목할만한 성과를 이루어왔다고 평가할 수 있다.

1990년 수교 첫해 270만 달러로 교역을 시작했던 양국은, 2006년 처음으로 교역규모가 1억 달러를 넘어서게 되었다. 그 후 양국 교역규모는 꾸준히 증가하여 2011년 약 4억 달러로 1990년 대비 약 150배 증가하였다. 특히 최근의 교역규모 증가율이 높아지고 있어 향후 양국 교역이 더욱 확대될 것으로 기대된다.

무역수지 면에서 한국은 첫해를 제외하고 줄곧 흑자를 기록하고 있다. 무역수지 또한 2006년 처음으로 1억 달러를 초과하였으며, 2011년 한국 측 무역흑자는 3억 달러에 이르고 있다.

이는 몽골에서 그만큼 한국 상품에 대한 수요가 높다는 뜻이다. 그러나 어느 국가이든지 양국 간 교역은 균형을 이루는 것이 바람직하다. 이런 점에서 한 · 몽 양국의 교역구조는 향후 개선되어야 할 필요성이 있다.

몽골의 한국으로부터의 수입이 증가하는 이유는 먼저 몽골의 경제성장으로 인한 수요 증가 때문이다. 몽골의 소득이 높아지면서 기업의 원자재 수요와 개인의 소비재 수요가 모두 증가하고 있다. 특히 한국에서 수입하는 기계류, 부품, 중간재, 전자제품 등은 몽골 산업발전을 위해 꼭 필요한 것이다. 다음으로 한국의 몽골에 대한 직접투자가 증가하면서 수입수요가 유발되고 있다. 한국 기업은 몽골에서의 기업경영을 위해 주로 한국 상품을 조달하기 때문이다. 마지막으로 한류 열풍을 무시할 수 없다. 방송문화, 자동차 및 이동통신기기 등 한류와 관련된 파생수요도 매우 크다고 할 수 있다.

한국의 몽골로부터의 수입은 수출에 비해 크지 않은 편이다. 이는 몽골의 산업과 상품이 다양하지 않고 주로 1차 산업에 치중해 있기 때문이기도 하다. 주요 수입품은 광물과 슬랙slag, 구리 등 광산물 관련 제품이 대부분을 차지하고 있다. 그 외에도 캐시미어를 비롯한 의류와 일부 가공식품 등이 수입되고 있다. 다만 최근 몽골로부터의 수입이 증가하면서 2011년 6천만 달러를 넘고 있다. 이로 인해 양국 간 어느 정도의 무역수지 개선이 이루어질 것으로 기대되고 있다.

몽골에 대한 직접투자는 1994년부터 시작되어 연도별 부침이 있었으나, 꾸준한 증가와 함께 2005년 처음으로 단일 연도 기준 1천만 달러를 넘어 섰다. 이후 한국의 몽골에 대한 직접투자는 매우 빠르게 증가하였으며, 매년 5천만 달러 이상을 몽골에 투자하고 있다. 국가별로는 중국과 캐나다에 이어 3위에 해당된다. 업종별로 보면 광업의 비중이 전체의 1/3을 차지하고 있으며, 다음으로 도소매업과 건설업의 비중이 그 뒤를 잇고 있다. 초기에는 개인과 소규모 기업의 투자가 대부분이었지만, 최근에는 대규모 투자도 이루어지고 있다. 향후 몽골의 경제성장과 함께 한국의 대기업 투자가 본격화될 것으로 예상된다.

이처럼 양국은 수교 이후 경제통상과 투자협력을 증대시켜 왔다. 양국은 수차례 정상외교를 통해 '21세기 상호보완적 협력관계'로부터 '선린우호협력 동반자 관계'로 그 위상을 높여 왔으며, 2011년 '포괄적 동반자 관계'로 양국 관계를 한 단계 격상시켰다. 한 · 몽 양국은 관계발전을 위하여 1991년 투자보장협정을 체결한 이후 경제과학기술협정, 무역협정, 이중과세방지협정, 세관협력협정, 문화협력협정, 항공협정, 에너지 및 광물자원협력협정, 관광협력협정 등을 체결하고 있다.

한국은 같은 동북아 국가로서 몽골의 상징적 중요성 및 향후 몽골과의 협력 잠재력이 크다는 점을 중시하고 있다. 많은 한국

기업이 몽골에서 활동하고 있으며 한국국제협력단KOICA등 한국의 대외협력기구가 몽골에 상주하고 있다. 한국인의 몽골 방문도 해마다 증가하고 있으며, 중국과 러시아에 이어 세 번째로 많은 방문객 수를 기록하고 있다. 그러나 순수한 관광객은 한국이 가장 많은 것으로 추정되고 있다. 이는 몽골에 대한 한국인의 관심이 그만큼 높다는 반증이다.

몽골의 입장에서도 한국은 주요 교역대상국이면서 원조 제공 국가이다. 향후 대양 진출을 위한 교두보로서도 중요한 의미를 가진다. 더욱이 3만 명이 넘는 몽골인이 사업, 근로, 유학 등의 목적으로 현재 한국에 거주하고 있다. 이들의 달러 송금이 몽골의 외환보유고 증감에도 상당한 영향을 미치는 것으로 알려져 있다. 또한 이들의 한국 내 경제활동이 직 · 간접적으로 양국 경제통상협력에서 중요한 현안으로 자리 잡고 있다.

한 · 몽 양국 관계 발전의 바탕에는 역사 및 문화적 유대관계와 경제적 상호보완성이 큰 역할을 하고 있다. 자원이 많은 몽골과 기술 및 자본에서 비교우위가 있는 한국이 서로 협력하면 큰 '시너지 효과synergy effect'가 창출될 수 있다. 한국과 몽골은 21세기 개방의 시대에 부응하여 상호 교류의 문을 더욱 활짝 열고 있다.

제3의 파트너 솔롱고스

몽골경제에 가장 큰 영향력을 미치는 나라는 중국과 러시아이다. 러시아는 몽골의 전통 우방국가로서, 정치경제 다방면에 영향력이 크다. 경제적인 면에서 러시아는 몽골의 최대 수입국이다. 몽골에서 쓰는 석유 등 에너지의 대부분을 러시아에서 수입하고 있다. 그러나 몽골의 대 러시아 수출과 러시아의 몽골에 대한 직접투자는 매우 적다. 정치외교 측면에서는 영향력이 크지만, 경제적인 영향력은 많이 감소한 것으로 보인다.

중국은 높은 경제성장으로 인해 자원수요가 매우 높다. 다행히 인접국가인 몽골에서 많은 자원이 생산되고 있어 이를 대부분 중국에서 수입하고 있다. 반면 몽골은 식료품과 경공업 제품, 건축자재의 대부분을 중국에서 조달하고 있다. 그 결과 중국은 몽골의 제1 교역상대국이며, 압도적으로 그 비중이 높다. 중국은 몽골의 자원개발에도 적극 참여하고 있다. 특히 동부 몽골의 석유 탐사와 개발은 전적으로 중국 기업이 맡고 있다. 외국인 직접투자 면에서도 1위이다. 광산 개발뿐만 아니라 유통과 서비스 등에도 많은 중국 기업이 진출해 있다. 경제적인 측면만 본다면 중국의 영향력이 가상 커 보인다.

어느 특정 국가에 대한 의존도가 너무 높은 것은 경제 안정성 면에서 바람직하지 않다. 왜냐하면 특정 국가의 경제 변동성이 고스란히 이전되기 때문이다. 몽골도 이러한 점을 인식하고 소위 '제3의 이웃' 혹은 '제3의 경제협력 파트너'에 많은 관심을 기울이고 있다. 이는 대외교역과 자원개발 및 외교적 측면에서 모두 중요한 개념이다.

예컨대 자원개발과 운송 측면에서도 러시아와 중국의 입김이 매우 거세다. 중국은 몽골 광산물의 최대 수요자로서 특히 석탄 부족 현상이 심각한 상태이다. 따라서 중국은 타반 톨고이를 기존의 간선 철도까지만 연결하여 유리한 가격에 수요독점자의 지위를 누리려 하고 있다. 한국이나 일본이 몽골 자원에 대한 경쟁자로 등장하는 것을 원치 않으며, 더욱이 중국을 경유하여 몽골 광물을 수입하는데 우호적이지 않은 것으로 보인다. 반면 러시아는 대몽골 에너지 수출 공급독점자이면서 기존의 돈독한 양국관계를 앞세워 철도를 동부 몽골까지 연결하는데 적극적이다. 이를 통해 한국이나 일본 등 중국 이외의 국가로 수출 경로를 마련하고 철도 이용에 따른 수익을 얻고자 적극 노력하고 있다. 문제는 철도 부설에 소요되는 천문학적 비용과, 수송 경로가 길어지면서 물류비용이 증가하는 단점이 있다. 이런 측면에서도 몽골은 제3의 경제협력 파트너가 필요하다는 점을 인식하고 있다.

몽골의 총 교역규모를 보면 2010년 기준 한국의 비중은 3.5%로 3위를 차지하고 있다. 1위 중국은 56.3%, 2위 러시아는 18.5%로 한국의 비중보다 월등히 높다. 몽골의 수입면에서 보면 러시아가 32.7%, 중국이 30.3%, 일본이 6.1%, 한국이 5.7%로 4위를 차지하고 있다. 몽골로 유입되는 해외직접투자에서도 한국은 중국과 캐나다에 이어 역시 3위를 차지하고 있다. 이 정도면 양국의 경제사회 관계는 상당히 긴밀하다고 볼 수 있다. 한국은 몽골에게 '제3의 경제협력 파트너'가 될 기본 자격은 갖추고 있는 셈이다.

물론 몽골이 생각하는 '제3의 경제협력 파트너'는 반드시 단일 국가일 필요는 없을 것이다. 러시아와 중국에 대한 의존도를 줄이면서, 균형을 맞추는데 기여할 수 있는 국가는 모두 이 그룹에 넣을 수 있다. 한국과 몽골의 경제관계뿐만 아니라 역사문화적 관계까지 감안하면, 한국은 충분히 이 그룹에 들어갈 수 있을 것이다.

몽골 내방객의 수를 보면 중국과 러시아가 더 많지만, 순수한 관광객으로 보면 한국이 가장 많다는 통계도 있다. 몽골에서 한국 제품은 최고급품으로 인식되고 있으며 한국 드라마를 비롯한 한국 대중문화에 대한 친숙도가 매우 높다. 수도 한가운데 '서울의 거리'가 명명되어 있고, 많은 대학에 한국어 교육과정이 개설되어 있다. 약 3만 명의 몽골인이 한국에서 살고 있으며, 수천 명의 몽골 학생들이 한국에서 유학하고 있다. 양국 간 인적 교류가 더욱 활발해지고 있는 것이다.

향후 몽골 경제가 대폭 성장하면서 양국의 경제관계도 더욱 유기적인 체제로 발전해 갈 것이다. 현재 몽골이 한국에서 주로 수입하는 제품은 기계류, 부품, 중간재, 전자제품 등이다. 이는 몽골 산업발전과 근대화에 매우 중요한 것이다. 장차 양국이 자유무역협정을 체결하면 양국 경제관계는 급속히 발전할 가능성도 있다. 몽골은 철도, 에너지 등 사회간접자본 건설에 한국의 투자를 희망하고 있으며, 한국도 이에 부응할 준비가 되어 있다. 양국 관계는 실질적인 제3의 협력 관계를 향해 나아가고 있다.

한국형 발전모델

모든 국가는 서로 다른 역사적 배경과 경제적 여건을 갖고 있기 때문에, 경제발전의 과정과 속도가 다를 수 있다. 그러나 어느 국가든 선택하게 되는 경제발전의 과정은 몇 가지 정형화된 패턴을 따르는 것이 보통이다. 몽골은 구소련의 사회주의 유산을 물려받았으며, 지금도 그러한 유산이 몽골사회에서 긍정적인 면과 부정적인 면에서 상호 작용하고 있다. 긍정적인 면에서는 보편적 의무교육을 통해 국민들이 대부분 문자를 해득한다는 것이다. 부정적인 면에서는 관료주의와 권위주의의 비능률 등이 남아 있다는 점이다.

몽골은 광대한 영토를 갖고 있지만 인구는 3백만 명이 채 되지 않는다. 세계에서 인구밀도가 가장 낮은 나라이며, 적은 인구는 경제발전에 큰 애로사항으로 작용하고 있다. 인구는 그 나라의 노동력을 결정하기 때문에, 장기적 경제성장 요소로서 매우 중요하다. 또 몽골은 1차 산업인 광업과 목축업이 산업의 근간을 이루는 단순한 경제구조를 갖고 있다. 광물자원이 풍부하여 경제발전의 동력으로 삼을 수 있다는 것은 그나마 다행이다. 자원기반 경제의 특징을 가진 몽골은 이러한 여건 하에서 가장 효과적인 경제발전전략을 선택해야 한다.

외형적 관점에서 몽골은 호주와 캐나다의 경제발전 경험에 관심을 갖고 있다. 자원산업을 기반으로 높은 경제성장을 이루었다는 점이 가장 배울만한 점이다. 호주와 캐나다는 국토가 광대하고 인구밀도가 낮으며, 1차 산업에 강점이 있다는 측면에서 몽골과 유사하다. 그러나 이들 국가는 소득수준에서 몽골과 큰 격차가 있고, 1차 산업 외에도 금융을 비롯한 3차 산업에도 강점을 갖고 있다. 무엇보다 역사 문화적 관점에서 이들 국가는 수백 년의 서구 자본주의 경험을 갖고 있다. 그 결과 정치경제 사회 제도 측면에서 몽골과는 매우 이질적인 바탕을 갖고 있다.

몽골은 구소련 붕괴이후 생겨난 체제선환국 중에서 세계무역기구WTO에 최초로 가입한 나라이다. 바다가 없는 '대륙속의 섬나라'로서 이러한 지정학적 불리함을 극복하기 위해 시장개방 및 자유무역에 매우 적극적이다. 아직 자유무역협정을 체결한 국가는 없지만, 미국을 비롯하여 한국과 일본 등 어느 국가이든지 협정을 체결할 의사를 표명하고 있다. 경제사회 개혁에 대한 정부와 국민의 의지가 높다는 것도 장점으로 꼽히고 있다. 몽골의 경제발전전략은 정부주도, 대외개방, 수출주도 등으로 요약될 수 있다.

몽골은 한국의 경제발전 모형에서 많은 것을 참고할 수 있을 것이다. 한국은 20세기 아시아에서 일본과 더불어 산업화에 성공한 거의 유일한 국가이다. 한국은 경제개발계획을 시작하면서 정부가 주도적인 역할을 맡아왔다. 몽골도 자원기반 경제의 특징 상 정부의 역할이 매우 중요하다. 한국은 수출주도형 정책을 채택하면서 세계시장의 일원이 되고자 적극적 개방정책을 추진하였다. 몽골 또한 상기한 것처럼 개방과 개혁을 전면에 내세우고 있다.

몽골은 광물자원 수출을 통해 자본을 축적하고 경제발전을 추진해야 하므로, 수출정책이 경제정책의 전면에 나올 수밖에 없다. 한국은 경제개발 초기 정치 지도자의 리더십이 중요한 역할을 하였는데, 몽골은 이러한 관점에서도 많은 관심을 보이고 있다. 요약하건대 호주나 캐나다의 서구식 발전모형보다, 한국과 같은 아시아 모델이 내용상으로 몽골경제에 더 적합할 수 있다.

한국은 그동안의 경제발전 경험을 아시아 등의 개발도상국과 폭넓게 나누고 있는 중이다. 짧은 기간 동안의 압축 성장 경험은 많은 나라에 유익한 참고가 될 수 있다. 한국전쟁의 폐허 위에서 다시 시작한 한국은, 독일에 광부와 간호사를 파견하면서까지 외화 축적을 위해 노력하였다. 한국의 경제발전 경험은 성공과 실패 스토리를 모두 들려줄 수 있다는 점에서도 장점이 있다. 수출주도형 정책으로 눈부신 외형 성장을 이루었지만, 이때 생겨난 내부적 갈등은 아직도 한국경제의 숙제로 남아있다. 물론 몽골의 여건과 환경에 맞도록 한국의 경제개발 경험을 해석하고 공유해야 할 것이다.

몽골이 부러워하는 한국경제의 경험과 역동성

한국경제의 발전모형에 대하여 몽골정부와 공무원들은 큰 관심을 보이고 있다. 많은 몽골 공무원이 한국에서 경제정책과 관련된 연수를 받았고, 이를 몽골의 경제발전에 접목하고자 하였다. 한국의 고위공무원이 몽골 정부 자문관으로 파견되어, 한국의 성장 경험을 전수해 주고 있다. 특히 한국의 정보통신기술에 대한 평가가 높아 이에 대한 자문과 협력이 심도 있게 진행되고 있다. 경제발전을 뒷받침하는 금융시장과 제도 면에서도 몽골은 많은 관심을 표출하고 있다. 이를 위해 몽골은 2011년 몽골산업은행을 설립하고 한국산업은행에 위탁 경영을 맡기기도 하였다. 한국의 개발금융에 대한 평가와 인식이 그만큼 높기 때문이다.

수출산업을 지원하는 수출입은행과 무역보험공사, 금융시장

안정에 꼭 필요한 예금보험제도에 대해서 몽골은 컨설팅을 요청한 바 있다. 또 지역개발이나 공공개발에서 공공부문과 민간이 협력관계를 구축해서 상호 역할을 분담하는 파트너십public-private partnership구축도 벤치마킹 하고 있다. 국토의 균형적 발전을 위한 지역산업단지 조성에도 한국의 사례를 참고하고 있으며, 새마을운동에도 관심을 보이고 있다. 좋은 교육제도는 좋은 인적자원을 만들어 내기 때문에 장기적 경제발전에 매우 중요하다. 몽골도 대학교육 충실화를 위해 한국의 대학평가 모델에 많은 관심을 기울이고 있다.

투자와 기술협력 차원에서도 한국의 경험 전수가 필요하다. 한국의 토목 및 건축기술 지원은 몽골에 매우 긴요하다. 몽골은 내륙 국가이고 고원지대이며 여름에는 덥고 겨울에는 매우 춥다. 따라서 혹독한 계절적 요인 때문에 도로포장이 파손되기 쉽고 건물의 신축과 증축에도 기술적 어려움이 크다. 몽골의 지질조사 및 지하수 개발에도 한국의 기술 전수가 요망된다. 몽골은 건조 지역이며 물이 절대적으로 부족한 국가인 만큼 지하수 개발을 위한 지질조사 기술과 자본 지원이 필요한 실정이다. 이를 통해 몽골 국민들의 삶의 질 향상에 크게 기여할 수 있을 것이다.

몽골은 광대한 영토를 가진 관계로 효율적 통신망을 갖추기 어려운 점이 있다. 이에 대하여 정보통신 강국인 한국의 기술과 자본 지원이 요망된다. 몽골은 건조지대로서 원칙적으로 농업에 적합하지 않은 생태환경을 갖고 있다. 그러나 일부 지역에서는 영농도 가능하므로 한국의 농축산업 영농 기술을 지원하면 유목민의 경제생활 개선에 크게 도움이 될 것이다. 이러한 지원은 민간투자도 가능하지만, 한국국제협력단이 수행하고 있는 공적개발원조ODA, Official Development Aids를 통해 지원되는 것이 바람직할 것이다.

인적자원개발을 위해서도 한국의 지원이 요망된다. 몽골은 광대한 영토에 비해 인구가 적은 국가이므로, 몽골의 미래 발전을 위해서는 인적자산의 축적이 무엇보다 중요한 과제이다. 또 인적자원의 질은 국가경쟁력의 핵심 척도이기도 하다. 많은 몽골 이주 노동자가 한국에서 일하고 있으며, 몽골 유학생도 3천 명을 넘고 있다. 따라서 몽골 이주 노동자의 입국과 귀국 프로그램 확대, 몽골 유학생에 대한 지원 확대가 요망된다.

사람을 잘 키워서 보내면 양국에 모두 큰 이득이 된다. 한국에서 인적자원이 축적된 이들은 몽골로 돌아간 다음에도 한국에 대해 좋은 감정과 더 깊은 이해심을 갖게 될 것이다. 몽골에 한국계 고등교육기관을 설립하여 몽골사회에 필요한 수준 높은 전문 인력을 양성하는 것도 중요하다. 그 외에도 학술 및 기술 교류 등을 통해 인적자원이 상대적으로 빈약한 몽골을 지원할 필요가 있다.

몽골의 관광산업 발전을 위해서도 한국의 지원이 요망된다.

몽골은 오염되지 않은 깨끗한 자연 관광자원과 몽골제국의 역사문화 유적을 다수 보유하고 있다. 이러한 자연 및 역사문화 관광자원을 관광 상품으로 개발하는데 한국의 경험 전수가 필요하다. 구체적으로 관광 상품 및 루트 개발, 관광 분야에 종사하는 인력자원 교육 훈련, 마케팅 협력, 관광산업에 대한 투자와 금융서비스 제공 등 한국 관광산업의 경험을 전수해 주면 좋을 것이다. 또 한국의 국립공원 제도에 대해서도 몽골은 관심을 보이고 있다.

한국과 중국, 일본 등은 그동안 단체관광의 비중이 높았다. 그러나 몽골은 자연 및 생태환경 상 대규모 관광보다는 개별관광이 더 적합하다. 관광의 새로운 트렌드로 자리 잡고 있는 '지식관광knowledge tourism', '생태관광eco-tourism', '문화 및 역사관광cultural and historical tourism'등이 몽골의 환경보전과 현지 실정에 맞는 것으로 보인다. 새로운 관광 트렌드에 대한 상호 연구와 경험 공유는 양국 관광산업 모두에게 유익한 결과를 가져다 줄 것이다.

양국 간 경제사회제도 선진화를 위한 협력은 상품교역과 직접투자 이상으로 중요한 과제이다. 경제발전 경험을 공유하고 상대방 국가에 꼭 필요한 기술과 노하우를 전수하는 것, 인적개발을 지원하는 것 등은 한 단계 더 성숙한 양국 관계발전을 위해 매우 중요한 것이다.

한몽 자유무역협정 추진이 필요한 때

몽골의 괄목할만한 경제성장이 기대되는 시점에서, 이제 몽골의 비중을 제대로 평가할 때가 되었다. 이를 위해 지금까지 줄곧 제기되어 왔던 양국 간 자유무역협정FTA, Free Trade Agreement을 본격적으로 논의해야 할 것이다. 비록 한국의 교역규모 면에서 볼 때 대 몽골의 교역규모는 그 비중이 매우 낮지만, 몽골의 입장에서는 한국이 제3위의 교역상대국이기 때문이다.

양국 FTA 추진 근거와 필요성은 얼마든지 들 수 있다. 먼저 몽골경제의 높은 성장 잠재력을 중시해야 한다. 앞에서 기술한 것처럼, 몽골경제는 중장기적으로 엄청난 성장 잠재력을 보유하고 있다. 경제성장이 현실화 되면, 향상된 구매력을 바탕으로 한국 상품에 대한 수요 또한 크게 증가할 것이다. 다음으로 양국 경제구조의 상호보완성을 들 수 있다. 몽골은 풍부한 광물자원과 넓은 국토, 광대한 초원 및 천혜의 자연 관광자원을 보유하였으나 인구가 적고 기술 및 자본이 부족하다. 반면 한국은 국토가 협소하고 광물자원이 부족하지만 숙련된 기술 인력과 세계적 제조업 및 풍부한 자본을 보유하고 있다. 양국은 이렇듯 기본적 경제구조 면에서 상호보완성이 매우 높다.

몽골의 지정학적 중요성과 양국의 우호적 정서 등도 감안해야 한다. 러시아와 중국의 사이에 위치하면서 중앙아시아의 심장부임을 자임하는 몽골의 위치는 경제전략 측면에서도 매우 중요하다. 수교 이후 20년간 누려온 양국의 긴밀한 협력관계와 역사 및 문화적 동질성, 몽골에서의 한류와 한국 이미지 제고 등도 생각해야 한다. 몽골은 한국의 경제성장 경험을 적극적으로 배우고 받아들이면서, FTA 추진을 통해 한국이 자유무역을 통해 얻은 노하우를 전수받기를 희망하고 있다. 그동안 다져온 선린 우호관계를 한 단계 업그레이드하고 양국 국민의 우호적 정서를 이어가기 위해서는, 양국의 FTA 추진을 진지하게 논의할 시점이 되었다고 본다.

양국이 FTA를 체결하면 상호 많은 이익을 누릴 수 있다. 먼저 경제적 우방 국가를 하나 더 확보하는 것이다. 양국 FTA가 체결되면 한국은 대륙에 또 하나의 교두보를 확보하는 셈이 된다. 몽골도 처음으로 대양진출을 위한 교두보를 확보하는 성과를 거둘 수 있다. 특히 국토가 좁고 인구밀도가 높은 한국의 입장에서는 광대한 국토를 가진 몽골과의 FTA를 통해 일종의 '공간 확보'에도 성공할 수 있다. 관세가 없어지기 때문에 교역규모의 확대는 당연히 수반되는 성과이다. 특히 한국 상품에 대한 선호도가 높은 몽골에서 한국 상품을 더 많이 수입할 가능성이 높다. 이는 한국 기업의 경쟁력 확보에도 큰 도움이 될 것이다.

무엇보다 세계10대 자원부국의 하나인 몽골과 FTA를 체결함으로써 양국이 사실상 하나의 경제권을 형성할 수 있다면, 이는 에너지 자원의 안정적 확보라는 국가적 과제 달성에 크게 기여할 것이다. 특히 몽골은 한국에서 수요가 높은 석탄과 구리를 다량 보유하고 있기 때문에 그 시너지 효과는 상상보다 훨씬 클 것으로 평가된다.

한국은 세계 10대 에너지 소비 국가이며 석유 소비에 있어서는 세계7위를 기록하고 있다. 따라서 자원이 풍부한 몽골과의 경제협력은 매우 중요하다. 한국과 몽골은 한-몽골 자원협력위원회를 설치하여 운영하고 있는데, 연도별로 양국을 오가며 매년 교차 개최하고 있다. 이 위원회는 1999년11월 한-몽 자원협력협정에 근거하여 개최되고 있으며, 양국 정부 간 에너지 및 광물자원 분야의 공식적인 협력 창구 역할을 하고 있다.

몽골은 광물자원 개발에 있어서 탐사권을 부여한 기업에게 개발과 생산을 맡기는 시스템이다. 그러나 한국은 그동안 매장량이 풍부하고 경제성이 확보된 광산에 지분참여 형식으로 접근하는 방식을 선호하였다. 이로 인해 캐나다, 호주, 중국 등 선발기업들이 몽골의 자원 탐사 및 개발을 거의 독식하고 있는 실정이다. 반면 한국은 후발 참여국으로서 향후 몽골 자원개발에서 주도권을 행사하기 어려운 문제에 봉착하고 있다. 이러한 난관을 극복하고 한국기업에게 자원개발의 기회를 주기 위해서는 양국 FTA가 중요한 기점이 될 수 있다.

양국 FTA 체결은 한국 외교통상정책의 위상 제고에도 크게 기여할 것이다. 한국은 몽골과 FTA를 체결한 최초의 국가가 되는 것이며, 이는 '제3의 경제협력 파트너' 경쟁에서도 우위를 점할 수 있는 계기가 될 것이다. 일부에서는 러시아와 중국의 견제를 우려하고 있으나, 명분이 있는 국익 추구를 위해서는 보다 적극적이고 강력한 외교통상정책이 요망된다고 하겠다.

장기적 관점에서 양국의 자유무역협정은 한국 기업에게 매우 중요한 기회를 제공할 것이다. 몽골 국내시장은 물론 자원개발과 관련된 철도 건설, 신재생에너지 산업 등에 진출할 수 있는 보다 유리한 환경이 조성될 것이기 때문이다. 반면 몽골은 상품교역보다 인적교류에 더 많은 관심을 가질 수 있다. 상품경쟁에서는 아무래도 한국이 유리할 것이므로, 인적교류 확대를 통해 양국 간 균형을 맞출 수 있기 때문이다. 이는 현재 약 3만 명의 몽골인이 한국에서 살고 있는 점을 감안한 것이다. 이런 측면에서 한국이 인도와 체결한 '포괄적 경제동반자 협정 Comprehensive Economic Partnership Agreement, CEPA'형태가 양국 관계에 더욱 적절한 것이 될 수 있을 것이다.

제2의 북방시대가 열리다

20년 전 베를린 장벽과 구소련의 붕괴, 중국의 개방, 동유럽의 체제전환 등과 맞물려 시작된 한국의 북방정책을 제1기 북방정책이라고 한다면, 이제 한국은 과거 20년 동안 북방정책의 성과와 문제점을 되돌아볼 때가 되었다. 한국은 이제 세계 10위권의 경제규모를 갖춘 국가로서 1인당 국민소득이 2만 달러를 넘어섰다. 2010년에는 G20 개최국 및 공동 의장국으로서 아시아 경제에서 자타가 공인하는 비중 있는 경제 강국으로 자리매김하고 있다. 이러한 맥락에서 한국은 21세기 세계적 중견국가의 품격에 걸맞은 새로운 제2기 북방프로젝트를 시작할 때가 되었다고 본다. 그리고 몽골을 재평가하고 재조명하는 것이 그 중심에 있어야 한다.

그동안 한국의 북방정책은 중국과 러시아, 중앙아시아 등을 중심으로 전개되었다. 중국은 한국 제품에 대한 최대 수요처이기 때문에 그렇고, 러시아와 중앙아시아는 자원의 관점에서 중시되었다고 본다. 몽골의 경제규모가 상대적으로 적었기 때문에, 관심과 투자도 적을 수밖에 없었을 것이다. 그러나 이제는 북방정책의 외연을 넓히고 다소 소외되었던 몽골과 중앙아시아 일부 국가를 포괄하는 좀 더 종합적이고 전략적인 2기 북방프로젝트를 가동할 시점이 도래하였다고 본다. 한국의 경제외교 정책에서 몽골은 러시아와 중국 및 일부 중앙아시아 국가에 밀려 외톨이처럼 취급된 경향이 있었다. 이제 몽골은 막대한 자연자원을 바탕으로 높은 경제발전 잠재력을 보여주고 있다. 따라서 2기 북방프로젝트에서는 몽골이 중심에 위치할 여건을 갖추었다고 평가된다.

2011년 6월 몽골 울란바타르에 있는 칭기즈칸호텔에서 매일경제신문이 주최한 매경포럼이 개최되었다. '하나의 아시아One Asia시대'를 지향하면서 양국 간 경제협력 과제를 논의하는 이 포럼에서, 주 몽골 한국대사의 발언이 매우 의미심장하였다. '지금까지는 몽골에 투자할 때 장기적 관점에서 투자하라고 조언하였습니다. 그러나 이제는 지금 투자하지 않으면 후회할 것이라고 감히 말할 수 있습니다.' 캐나다 아이반호Ivanhoe사의 성공으로 세계적 투자자들은 몽골경제를 다시 평가하고 있다.

한 세대 후 몽골경제의 모습은 상상하기 어려울 만큼 크게 변해 있을 것이다. 무릇 경제예측은 오차가 있게 마련이지만, 자원 확보를 위한 세계적 경쟁은 멈추기 어려울 것이다. 이러한 측면에서 몽골의 자원기반 경제는 지속적이고 강력하게 성장해 갈 것이다. 일부 성급한 예측처럼, 1인당 GDP 3만 달러 혹은 4만 달러는 몽골이 한국보다 먼저 달성했을지도 모른다. 몽골의 급속한 성장을 바탕으로, 양국 관계도 크게 발전해 있을 것이다. 양국은 자유무역협정을 바탕으로 교역규모가 지금보다 수십 배 증가해 있을 것이다. 몽골로부터의 막대한 자원수입으로 인해 무역수지는 한국 측이 적자를 시현하고 있을 것이다. 많은 한국 사람들이 몽골에 가서 살면서 양국의 교역과 투자협력을 위해 일하고 있을 것이다. 한국과 몽골은 역사 문화적 유대관계를 바탕으로 더욱 단단한 경제공동체를 만들어 가고 있을 것이다. 제2의 북방시대를 열면서 몽골을 보다 중시해야 할 명분은 충분하다.

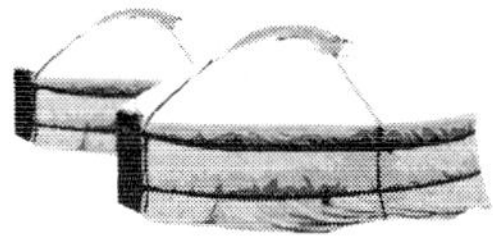

7장
아시아 최초의 사회주의국가 몽골, 민주화의 길을 걷다

허만호 (경북대학교)

민족혁명, 인민혁명, 민주혁명의 나라, 몽골

몽골인들은 1688년에 청淸에 복속된 이래 오랜 기간 청 왕조의 지배를 받다가 1924년에 아시아에서 최초로 사회주의 국가를 수립하였다. 몽골인들은 3대혁명을 통해 현재와 같은 정치체제를 갖추었다. 즉, 1911년의 '민족혁명'을 통해 청 왕조로부터 독립을 추구했고, 이 혁명이 좌절되자 러시아 볼셰비키 혁명의 동력을 빌어 1921년에 '인민혁명'을 감행함으로써 1924년에 "공화국"을 수립할 수 있었다. 그리고 1990년에는 '민주혁명'을 성공시킴으로써 사회주의 일당독재를 종식시키고, 민주선거를 통한 제도적 다원주의가 가능해 졌던 것이다.

이 글에서는 먼저 몽골의 독립과 사회주의체제 수립과정을 개괄하면서 어떠한 특징을 보이고 있는 지를 살펴보고자 한다. 이어서 친소정책으로 다른 아시아 사회주의 국가들과는 차별화되었던 몽골에서 채택했던 개혁 · 개방정책과 사회주의 일당독재 체제의 붕괴, 그리고 이로 인해 야기된 대내 · 외 정책상의 변화를 살펴보고자 한다.

몽골에서는 1984년 8월에 체덴발Yumjaagjin Tsedenbal이 물러나고, 그 해 12월에 바트뭉흐Jambyn Batmonkh의 온건정부가 들어서면서 '탈 스탈린주의' 단계에 들어섰고, 1988년 12월에 '새로운 세상으로의 변화'를 의미하는 "우르칠렁 신칠렐"정책을 받아들이면서 '탈 전체주의' 단계에 들어섰다. 그리고 1990년에 몽골 인민혁명당MPRP이 일당독재를 포기함으로써 탈 공산주의 단계에 들어섰다고 볼 수 있다.

이러한 몽골의 정치 · 사회적 변화는 다음과 같은 두 가지 차원에서 설명이 가능하다.

첫째, 1980년대 후반에 몽골에서 시민사회가 형성되어 있었다고 보기는 어렵기 때문에 '2분법적인 사회분화' 즉, 사회주의 이념이 지배하는 공식적 영역이 존재하는 가운데 기존의 지배 이념으로는 수용할 수 없는 비공식적 영역이 확장되어가는 사회의 2원적인 분화라는 관점에서 설명할 수 있다. 아울러 이런 변화를 '비 공산화 영역'의 잔존과 확장이라는 시각에서도 고찰할 필요가 있다. 이는 몽골에서 유목사회의 비 집체성과 비 정착성, 라마불교의 영향력 등이 사회주의체제 수립 이후에도 공산화시킬 수 없는 영역으로 남아있었기 때문이다.

둘째, 1989년 12월에 시작된 민주화 시위와 이로부터 발생한 일련의 정치적 변화를 결정한 구체적 맥락을 설명하는 데에는 정치체제의 견고성 여부와 통제기제의 효율성 여부를 알아보는 것도 중요하다. 그러나 '시민사회'가 형성되어 있었다고 말할 수는 없지만, 정치적 변화를 가져온 구체적 맥락을 결정하는 데에는 몽골의 사회세력의 역동성과 이들을 묶어주는 사회적 네트워크가 중요한 역할을 했던 것으로 보인다.

독립과 몽골인민공화국의 탄생

몽골이 제정 러시아의 도움을 받아 청나라로부터 독립하려 했던 1911년 7월의 첫 번째 시도는 러시아 측의 미온적인 반응으로 성공하지 못했다. 그러나 그해 10월에 중국에서 신해혁명辛亥革命이 발발하자 몽골의 몇몇 귀족들과 라마승들이 정신적 지도자인 활불活佛보그드 게게엥 잡장담바 호타크트Богд Гэгээн Жавзандамба Хутагт 주변에 모여 할하지방현 외몽골의 독립을 12월 1일에 선포하고, 국가의 주권을 보그드 게게엥이 보유하도록 하였다. 그러나 신해혁명 후 임시 대총통 직에 오른 위안스카이袁世凱, Yuan Shikai의 개입으로 몽골의 독립은 곧바로 위기를 맞게 된다. 이때 보그드 게게엥과 위안스카이 간에 있었던 필담筆談은 유명하다. 위안스카이가 "우르가현 울란바토르는 중국으로부터 떨어져 나갈 권리가 없다"고 하자, 보그드 게게엥은 다음과 같이 답하였다고 한다. "중국 백성들에게 새로운 불행을 덧보태지 않기 위해 당신들이 모든 도발행위를 삼가고, 중국의 내부 상황을 당신들이 우려 한다면 당신들은 젊잖게 행동해야 될 것이요. 당신들이 참외Тарвас처럼 쪼개지지 않도록 잘 지키시오."

몽골의 독립이 위기를 맞게 되자 중국과 자국 사이에 완충국緩衝國이 수립되기를 원했던 러시아가 개입할 필요성을 느꼈다. 이런 맥락에서 1912년~1915년 사이에 몽골의 장래에 중요하게 작용한 여러 협정과 조약들이 체결되었다. 먼저, 1912년 10월 21일에 우르가에서 몽골과 러시아 사이에 협정이 체결되었다. 이 협정을 통해 중국이 몽골을 공격하거나 식민지로 만들려 할 경우 몽골에 대한 제정 러시아의 지원을 다시 보장하고, 많은 상업적 혜택이 딸려있던 기존의 "보호"를 강화하였다.

이어서 러시아와 중국이 1913년 10월 23일에 북경에서 조약을 체결하였는데, 이는 '타협'의 전형적인 사례라고 할 수 있다. 이 조약은 러시아가 몽골에 대한 중국의 종주권을 인정하고, 중국은 몽골이 러시아의 보호 하에 배타적인 국내 행정권을 갖춘 자치를 하는 것을 인정하도록 규정하고 있었다.

끝으로 몽골 · 중국 · 러시아 간에 조약이 캬흐타Kiakhta에서 1915년 5월 25일에 체결되었다. 이 조약은 1913년 조약을 이행하기 위한 3자간의 소위 최종 조약이었다. 이로서 '독립'을 추구했던 몽골의 오랜 희망은 '자치'로 축소되었다.

그런데 이때 막 발발한 제1차 세계대전과 러시아 볼셰비키 혁명은 새로운 국면을 조성하였다. 즉, 중국은 돌연 1915년 조약을 어기고 보그드 게게엥으로 하여금 어렵게 얻은 자치권마저 포기하도록 압박을 가했다. 1919년 8월 18일에 중국 북서부 국경수비사령관북양정부 참모총장쉬수정徐樹錚, Xu Shuzheng장군이 병력 4,000 여명을 이끌고 우르가에 도착하였다. 그는 그해 10월부터 보그드 게게엥과 그의 행정부에 몽골의 자치를 취소하고 다시 중국이 몽골을 통치해 줄 것을 청원하는 문서에 서명하도록 강요하였다. 많은 저항이 있었지만 소용없이 1919년 11월 16일에 청원서는 서명되었다. 이렇게 8년간의 노력이 헛되게 되면서 몽골의 자치 지위는 끝나고 말았다.

그런데 우르가의 혁명 서클, 일본의 야심 그리고 운게른-

슈테른버르크 남작Baron Roman von Ungern-Sternberg의 엉뚱한 행위라는 세 가지 요인들에 의해 몽골의 자치는 그 불씨가 다시 살아났다. 러시아 볼셰비키 혁명에 고무되고 중국군대의 재 침입에 분개한 우르가의 청년들이 1919년 말에 수흐바타르Damdin Sukhbaatar와 초이발산Horloogiin Choibalsan 주도의 혁명 서클들을 만들었다. 수흐바타르는 몽골의 독립을 되찾고자 한데 비해 초이발산은 몽골의 전 영역에 걸친 급진적 혁명을 추구하였다. 이들은 연합하여 몽골의 혁명에 대한 레닌 정부의 지원을 얻기 위해 1920년에 7 명의 특사를 보냈으며, '붉은 군대'의 기법을 배우기 위해 이르쿠츠크에 머물렀다.

이 시기 일본은 아시아 대륙에 지배권을 확장시키고, 내몽골까지 포함한 '범 몽골Pan-Mongol 국가'를 건설 할 수 있는 기회가 왔다고 생각하고 중국 신해혁명과 외몽골 문제도 자신에게 유리하도록 활용하려 했다. 그래서 '붉은 군대'에 쫓겨 시베리아와 만주로 후퇴해 왔던 백계 러시아인들을 지원하기로 결정하고, 그들 중 운게른-슈테른버르크 남작과 동맹을 맺었다. 서구 열강의 반대에 부딪혀 일본은 곧 목표 수정을 하지만, 운게른-슈테른버르크 남작은 연승을 거두며 "내 · 외몽골의 통일과 동 · 서몽골의 모든 부족들이 대몽골의 품안에 모이기 위한 운동이 성공적으로 이루어졌다"고 공언하였다. 운게른-슈테른버르크 남작은 먼저 보그드 게게엥의 권위를 복원시키고, 우르가를 공화국이 된 중국이나 소련으로부터 구해냈다. 그리고 6,000 명으로 구성된 부대의 수장이 되었다. 제정 러시아의 장군이었던 그는 왕정복고를 추구하면서 극단적인 반혁명 · 공포정치를 하여 많은 인명을 살상하게 되자 "미친 남작", "피의 남작"으로 불리게 되었다. 그러나 운게른-슈테른버르크 남작은 소련에 연계된 몽골인들에 의해 우르가에서 쫓겨나 노보시비르스크에서 1921년 9월에 처형되는 최후를 맞았다.

이런 상황에서 수흐바타르와 초이발산은 이르쿠츠크에서 자기들 집단을 '몽골인민당'으로 명명하고 1921년 3월 13일에 7명으로 구성된 임시정부를 수립하였다. 10,000명 정도의 소련군의 지원을 받은 몽골 파견부대의 수장이 된 수흐바타르는 1921년 6월 6일에 우르가를 탈환하고 3일 후에 권력을 이양 받았다. 이로써 보그드 게게엥은 독립된 몽골의 모든 정신적 주권을 보유하고, 세속적인 권력은 당과 정부가 갖게 된 것이다.

그 후 3년여의 기간에 걸쳐 소련의 지도하에 소위 "자본주의 단계를 생략한 채 봉건주의에서 사회주의로" 사회를 전환시키는 과정을 거쳤다. 이 시기에 중요한 두 인물이 사라졌는데. 이는 몽골의 장래에 큰 영향을 주었다. 즉, '도끼 든 영웅' 수흐바타르가 의문에 싸인 채 1923년 2월 22일에 사망하고, 보그드 게게엥도 1924년 5월 20일에 별세했다. 이로써 몽골에 소련의 위성국을 수립하는 데 걸림돌이 되는 두 가지의 큰 장애가 제거

된 것이다. 몽골인민당은 제3차 대회에서 '몽골인민혁명당'으로 개칭하고, 1924년 11월 8일~26일에 열린 대大후랄 즉, 인민최고회의 People's Great Khural에서 '몽골인민공화국'을 선포함으로써 세계에서 두 번째이자, 아시아에서 최초로 사회주의 국가가 수립되었다.

사회주의체제의 건설

몽골 사회주의정부는 1928년 이후에 귀족계급과 불교사원을 탄압하고 유목민들을 강제로 집단화시켰다. 이러한 과정에 광범위한 인권유린이 있었다. 몽골에 사회주의체제가 수립되면서 봉건유제의 청산과 계급혁명이라는 미명 하에 많은 라마승들이 처형당했다. 특히, 1930년대 중반 초이발산이 집권하여 사회주의체제의 기틀을 다지면서 귀족과 라마불교 세력에 대해 대대적인 숙청을 감행하였다. 그 결과 20세기 초에 10만 명 정도 되었던 라마승들이 20세기 중반에 이르러서는 사원에 남아있던 라마승들의 경우 1,000 명이 되지 않았다. 이들 승려의 대부분은 성직이 박탈되고 일부는 처형당하기도 했는데, 1938년 9월 10일에 제일 많은 라마승들이 희생되었다. 그와 함께 많은 불교사원들도 파괴되거나 유실되었다. 심지어는 보그드 게게엥의 두 번째 왕후도 이때 처형되었다. 그 뿐만 아니라 상당수의 우파 민족주의자들도 소련의 법정에 세워져 사형 내지 장기 징역

형을 선고받았다.

초이발산이 1952년 사망하고 난 후 그의 뒤를 이어 집권한 체덴발은 몽골의 소비에트화를 더욱 심화시켰다. 그러면서 체덴발 정부는 많은 저항인사들을 오지로 추방하여 중노동을 하며 비참한 생활을 하게 했다. 이 정치적 희생자들은 1990년대에 민주화 될 때까지 거주 및 이동의 자유를 박탈당했었다.

몽골사회에서 체덴발 집권시기에는 모든 것이 국가소유였고, 가축에 한해서만 개인소유를 허용했다. 가축도 가구당 50마리북부지역내지 75마리고비지역까지만 소유할 수 있었고, 그 이상의 가축은 국가소유가 되었다. 그래서 1940년에 26,205,000마리였던 가축이 1960년에 23,001,000마리, 1980년에 23,771,000마리에 지나지 않을 정도로 늘지 않았다. 그에 비해 민주화로 가축소유 두수頭數에 대한 통제가 없어지자 1999년에는 가축이 3,300만 마리까지 늘어났다. 이 사실은 역설적으로 사회주의정부가 실시한 가축 소유정책에 대해 몽골 유목민들의 저항이 어느 정도였는지 짐작케 한다.

몽골정부는 "사회주의의 물질적 · 기술적 기초 건설의 완료"라는 기치 아래 1960년부터 1989년까지 6차례의 경제발전5개년계획을 수립하였다. 집단화는 1960년대에 완성되었는데, 지하자원 개발 분야에서는 종합공업공동체인 콤비나트combinat가 울란바타르 밖에서도 결성되면서 다르칸Darkhan, 에르데네트

Erdenet등 많은 지역에 도시화가 이루어졌다. 산업분야에서는 벽돌 제조, 목재업, 양모 · 가축 · 모피 가공, 가공식품 및 비누 생산 등에 진전이 있었다. 그러나 극히 낮은 인구밀도1986년 기준: 1.1명/1 ㎢와 숙련노동력의 부족은 소비에트화 마지막단계에서 몽골의 경제발전에 가장 큰 걸림돌로 작용하였다.

이런 상황에서 목축이 큰 비중을 차지하여 1980년에 주민 150만 명에, 가축 23,771,000마리를 기록하고 있었다. 경작지의 78.5%가 국영농장이었는데, 기후조건 특히 거친 바람에 의한 토양 침식, 자체 생산 없이 수입에 의존해야 하는 비료의 부족, 노동의 비효율적인 조직 등으로 1960년부터 사회주의체제가 유지되던 1989년까지 항상 생산량이 목표치에 미달하였다.

몽골의 정권교체와 개혁정책 "우르칠렁 신칠렐"

1984년 8월 체덴발이 물러나고 같은 해 12월에 들어선 바트뭉흐의 온건정부가 1988년 12월에 "우르칠렁 신칠렐" 정책을 받아들인 것을 보면 북한의 '개혁'에 대한 시사점을 생각하며, 진정한 개혁과 정치변동을 위해서는 리더십의 대체가 필연적인지 반문하게 된다.

몽골학자 비라Chagdariin Bira는 1924년부터 1989년까지의 몽골인민공화국의 역사를 사회주의체제의 근본적인 방향성을 제시한 새로운 헌법 채택을 기준으로 3단계1924~1939, 1940~1959, 1960~1989로 나눈다. 이에 따르면 초이발산에서 체덴발로의 권력이양은 제 2단계에서 이루어졌다. 그런데 초이발산에서 체덴발로 권력이 이양되면서 모든 가축사육자들이 노동 및 생산 단위인 넥델Нэгдэл, negdel에 속하게 되는 등, 몽골사회에는 사회주의식 경제 집단화collectivization가 본격적으로 이루어졌다. 그리고 1939년에 일본의 침공할힝골 전쟁에 맞서고, 제2차 세계대전 중 소련을 지원하기 위해 국가재정의 거의 절반을 국방비로 지출하느라 미루었던 경제개발계획을 연속적으로 추진하였다.

그런데 초이발산에서 체덴발로의 권력이양이 갖는 가장 큰 특징은 초이발산이 1952년에 병사하고 여러 명의 당 중앙위원들이 전면에 부각되다가 마침내 체덴발이 당 제1서기와 각료회의 의장President이 되었다는 사실이다. 물론 김일성의 권력이 김정일에게 세습된 과정도 순탄치만은 않았지만, 제도와 경쟁력에 따른 권력이양이라는 측면에서 초이발산에서 체덴발로의 권력이양은 크게 다르다. 이런 몽골의 권력이양 양식은 1984년 8월에 체덴발이 물러나고, 그해 12월에 바트뭉흐가 집권하는 과정에도 비슷하게 작용하고 있다. 특히, 1954년에는 삼부Djamsranghiin Sambuu가 국가주석에 선출 되는 등, 체덴발이 권력과 명예를 독점하지 못했다는 측면에서 북한의 권력이양과 큰 차이를 보이고 있다.

'비효율성'에 대한 대규모의 정치적 숙청이 1982년에 일면서 체덴발은 1984년 8월에 권좌에서 물러나 소련으로 가게 되었다. 즉, 몽골의 사회주의체제가 무너진 데에는 소련의 글라스노스트, 페레스트로이카와 동구 사회주의체제 붕괴의 영향이 컸지만, 그 첫 조짐은 문건들에 대한 이상적 해석에 따른 공식적인 일 처리 경향에서 이미 느낄 수 있었다. 바트뭉흐 정부가 수립된 것은 단순한 권력 승계가 아니라 '비효율성 척결'이라는 몽골사회의 현실에 대한 비판과 대안 모색, 그리고 사회주의에 대한 '이상적 해석'이라는 지향점 추구에 기초한 것이다. 결국, 사회 현실에 대한 비판과 대안 모색이 바트뭉흐 정부의 '우르칠렁 신칠렐' 정책을 채택하게 한 토대가 된 것이다.

북한에서는 이런 사회주의생산체계의 비효율성이 1970년대 말부터 가시적으로 드러나다가 1980년대에 와서는 생산체계의 하부구조 침식이 여러 영역에서 나타났다. 그 결과 초래 된 물자부족은, 2002년에 '7 · 1경제관리개선조치'를 취하기 전에 암시장 거래가격이 국정가격의 적게는 14배에서 최고 1,667배를 기록케 하였다. 일반주민들이 주곡의 60%, 생필품의 70%를 '장마당'에서 구입하고 있었던 상황이므로 북한사회에서 비공식 경제인 '2차 경제'는 통제에도 불구하고 중요한 비중을 차지하고 있었다. 당시, 북한의 GDP에서 사경제私經濟가 차지하는 규모는 추정방식에 따라 3.6%~27.7%에 이르렀다. 오차범위가 커서 의미부여를 하기 힘든 측면이 있으나, 붕괴 직전인 1988년~1989년의 동구권 사경제도 3.6%~28.6%를 차지하였다.

사회주의체제가 직면한 이런 현실 속에서 몽골과 북한 모두 위로부터의 개혁을 단행하였다. 그러나 가장 큰 대비점은, 몽골의 경우 1988년 12월에 "우르칠렁 신칠렐" 정책을 채택하기 전에 바트뭉흐의 온건정부가 1984년 12월에 들어서면서 '탈 스탈린주의' 단계에 들어섰다는 것이다. 이런 정치 · 사회적 진화evolution외에 경제정책 그 자체에도 개혁의 기초 작업이 추진되었다. 즉, '발전의 가속화', '생산에 과학 · 기술 적용', '관리 · 기획의 개혁', '기업의 독립성 확대', '개인 · 집단 · 사회적 이익 간의 균형'이라는 경제개혁 목표를 추구하였는데, 대부분의 목표들이 북한의 경제정책에서도 발견할 수 있는 내용들이지만, 사회주의개혁정책의 핵심이라 할 수 있는 마지막 3가지 목표에서는 북한의 경우와 확연한 차이를 보인 것이다.

1985년에 몽골의 국가소매업state retail trade과 채취공사採取公社, public gathering enterprises에 1,338개의 상점, 2,615개의 노점과 대리점, 599개의 식당과 매점이 소속되어 있었다. 그 결과, 식량과 내구성 소비재의 소매량이 급격히 신장하였다. 몽골정부는 모든 용역과 재화의 가격을 계획상의 성과와 비경제적 변수들에 따라 정하였는데, 이는 중앙기획체제에서는 결여되어 있었던 생산과 소비간의 실제적 관계를 설정할 수 있도록 했다.

이런 일련의 변화는, 몽골사회가 "우르칠렁 신칠렝" 정책을 받아들이면서 '탈 전체주의' 단계에 들어서게 했고, 더 나아가 1990년에 몽골인민혁명당이 일당독재를 포기하며 탈 공산주의의 길을 걷게 했던 토대가 되었다고 볼 수 있다.

그에 비해 북한당국은 암시장의 거래가격과 국정가격의 차이를 극복하기 위하여 '7 · 1경제관리개선조치'와 그 일환으로 2002년 8월에 임금인상을 단행했지만, 주민들의 수입 증가생산노동자: 18배에 비해 물가, 특히 생활필수품쌀: 538배, 옥수수 알: 471배과 공공요금의 급등전력: 60배, 지하철 요금: 20배으로 주민들의 경제생활은 더욱 궁핍해졌다. 리더십의 대체나 사회적 진화social evolution 없이 취한 북한의 '7.1경제관리개선조치'는 사회주의체제와 김정일 정권 유지라는 이중새장Double cage 속의 새처럼 북한경제를 관리해 오다가 2009년 11월에 화폐개혁을 단행하면서 개혁 · 개방으로의 방향성을 부정하고 후퇴시킨 결과를 초래하였다.

몽골의 민주혁명과 정치발전

사회주의 국가들은 체제 수립이 안정화 되고나면 예외 없이 기존의 지배 이념은 설득력을 상실하고, 체제의 효율성이 극도로 떨어지게 된다. 이 시기를 후기공산주의late-communist단계라고 헝가리 학자 E. 핸키스Elemér Hankiss는 명명하였다. 이 시기에 진행된 2원적 사회분화를 핸키스는 9가지 변수로 '1차 사회' 즉 공식적 영역과 '2차 사회' 즉, 공식적으로는 허용되지 않으나 실존하는 영역으로 구분하고 있다. 이러한 변수들에는 동질성 대 분화와 통합, 수직적 조직 대 수평적 조직, 하향 대 상향, 국가화 대 비 국가화, 중앙집권화 대 비중앙집권화, 정치지배 대 사회경제지배, 이념 대 몰이념, 가시성 대 비가시성, 수용성 대 비수용성이 있다.

이런 핸키스의 변수들은 개혁정책을 취하기 전후하여 몽골과 북한 사회에서 나타났을 분화의 구체적 내용을 추정하는 데 중요한 준거로 원용될 수 있다. 먼저, 사회가 계급이나 이념적으로 동질적인가 아니면 직능이나 가치 혹은 이념의 면에서 실제적으로 나누어져 있지만 일정 수준 이상 유기적으로 연계되어 통합성을 보이는가를 의미하는 '동질성 대 분화와 통합'이라는 관점에서 몽골/북한 양 사회는 일관된 차별성을 보이지 않는다. 즉, 전체인구에서 유목민들의 구성 비율이 비교적 높고 산업화가 덜 되었던 몽골사회는 협동농장, 산업체 단위로 구성된 북한사회에 비해 더 핵화 되어 있었으나 확산성은 지리적 거리나 도시화 · 산업화가 낙후되어 있어 낮았던 것으로 보인다. 그러나 분화와 통합 정도는 몽골/북한 양 사회 간에 별 차이가 없었던 것으로 보인다.

'수직적 조직 대 수평적 조직'이라는 변수와 관련하여, 몽골에서는 1980년대에 개혁조치들을 취하면서 당내 민주화도 일부 진행되고, 민주화 세력이 음성적인 소규모의 조직들을 만들고 있었으나 그 수는 많지 않았다. 그러나 이는 민주화 과정에서 북한과 큰 차이를 만들어 내는 맹아가 되었다.

'국가화 대 비국가화' 즉, 사회의 어떤 영역에서 소유관계나 운용 면에서 국가가 관장하는 정도라는 측면에서 몽골과 북한이 제도적으로는 비슷해 보일지 모르나 실제에서는 몽골의 '비국가화'가 훨씬 더 확산되어 있었던 것으로 평가된다.

'중앙집권화 대 비중앙집권화' 즉, 크고 작은 정책을 중앙정부가 직접 작성 · 결정하는 정도 면에서 몽골에서는 1980년대 초에 취한 경제개혁정책들로 경제행위자들의 자율성이 증가되었고, 1980년대 중 · 후반에 바트뭉흐의 온건정부가 중앙집권화를 완화시켰다.

'정치지배 대 사회 · 경제 지배'라는 측면에서도 자급자족을 기본으로 하는 유목사회였던 몽골사회가 북한사회보다 덜 정치화 되어 있었다.

그러나 의사결정이나 권력과 영향력의 발휘 양식에서 '하향 대 상향', 공식 이념의 수용 및 작용 정도를 의미하는 '이념 대 몰이념', 엘리트들이 공식적으로 전망하는 현실과 실제적인 모습을 의미하는 '가시성 대 비가시성', 기존의 지배이념이나 가치로 받아들일 수 있는 영역인지 여부를 의미하는 '수용성 대 비

수용성'의 측면에서는 몽골/북한 양 사회에서 뚜렷한 차이를 발견하기 힘들다.

이와 같이 '우르칠렁 신칠렐' 정책을 취하기 직전의 몽골 상황과 '7.1 경제관리 개선조치'를 취하기 직전의 북한 상황을 비교해 보면 사회분화의 내용에서 확연한 차이를 발견하기 힘들다. 그럼에도 불구하고 사회주의체제가 몽골에서는 붕괴했는데 비해 북한에서는 건재한 데에는 사회적 통합과 사회적 규제도 중요한 변수로 작용했겠지만, 구체적 맥락에서 최고 정책결정권자의 선택이 더 큰 변수로 작용했던 것으로 보인다.

바트뭉흐의 미망인 다리마Dariimaa여사는 필자와의 2009년 7월 16일자 인터뷰에서 몽골 정치변동의 결정적인 맥락에 작용한 바트뭉흐의 개인적 가치관과 판단을 강조하였다. 즉, 1990년 시민들의 민주화 요구에 대해 다른 동료들이 무력사용을 주장했으나 바트뭉흐는 이를 거부하고 마침내 사임하였는데, 그가 무력사용을 거부한데 대해 그의 미망인은 필자에게 세 가지 이유를 들려주었다. 즉, 바트뭉흐는 당시, 몽골에는 인구가 너무 적기 때문에 인명희생은 피해야 되고, 몽골의 미래를 위해 젊은 이들을 해쳐서는 안 된다고 생각했다고 한다. 그리고 바트뭉흐 자신이 고령으로 퇴직을 고려하고 있어서 자리에 연연해 할 이유가 없었다는 것이다.

소드넘Dumaa Sodnom당시 총리도 2009년 7월 16일에 필자와 가진 인터뷰에서 “1990년 3월 9일에 [몽골인민혁명당 중앙]위원회를 소집하여 무력사용 거부를 결정했을 때, 바트뭉흐는 자기 명예에 대한 욕심이 없었기 때문에 무력사용을 거부하고 스스로 물러갔다”고 진술하여 다리마 여사의 진술을 부분적으로 확인하여 주었다.

이와 같은 여건 속에서 1989년 12월에 최초로 야당인 몽골민주연합MDU: Mongolian Democratic Union이 탄생하게 되었고, 1990년 7월 29일에는 최초로 다당제 선거가 실시되었다. 그런데 몽골인민혁명당의 일당독재 종식과 민주화를 요구하던 시민운동이 진행되는 와중에 실시된 이 총선에서 몽골인민혁명당이 압승했을 뿐만 아니라 신 민주헌법 채택 후에 실시된 국회의원 및 대통령 선거에서도 몽골인민혁명당이 대부분 승리한 것은 관찰자들을 의아스럽게 한다. 그리고 정치발전에 대한 일반적 개념규정과 극복과제를 근거로 하여 몽골의 정치발전을 진단했을 때 사회주의체제에 비해 발전했다고 평가할 수 있는지 의문을 가실 수 있다.

오치르바트Punsalmaagyn Ochirbat전 대통령은 2009년 7월 22일에 필자가 수행한 인터뷰에서 몽골인민혁명당이 선거들에서 승리한 이유에 대해, 몽골인민혁명당이 정치적 민주화와 사회적 변혁을 허락하고, 경제의 탈 사회주의화를 받아들인 것이 큰 요인으로 작용했다고 설명했다. 특히, 몽골시민들이 1991년

~1992년 초에 민주화와 더불어 변화된 생활이 경제적으로 궁핍해 지자 사회주의체제보다 자유주의체제가 못하다는 생각을 갖게 되어 변화된 모습의 인민혁명당을 선택한 것이라고 오치르바트 전 대통령은 해석하였다.

민주헌법이 2000년 12월 14일에 개정되면서 내각책임제의 성격이 더욱 강해진 몽골의 이원집정부제 하에서는 대통령과 수상이 권한을 갖고 있기는 하지만, 헌법상의 최고 권력기관은 의회인 국가최고회의State Great Khural다. 국가최고회의는 입법권을 가진 유일한 기관이며, 국내 · 외 주요정책에 대해 심의 · 결정한다. 이와 같이 국가최고회의가 강력한 권한을 갖게 된 것은 사회주의체제 하에서 인민의 이름으로 권력행사에 정통성을 부여 받고자 했던 인민최고회의People's Great Khural의 잔재가 신체제에 투영된 것으로 보인다. 이는, 구체제사회주의체제의 완전한 붕괴를 피하기 위해 1990년 3월에 몽골인민혁명당이 중앙위원회 제8차 총회에서 헌법을 수정하여 1당 독재를 포기하고 복수정당제를 허용하며, 약간의 권력구조 개편을 통해 '수동적 혁명'을 추구한 것이라 평가 할 수 있다.

이런 평가는 그 후의 전개과정을 통해 좀 더 분명히 뒷받침된다. 즉, 1990년 9월에 몽골인민혁명당 소속 후보로 대통령에 간선으로 선출된 오치르바트는 민주화와 시장경제로의 이행을 가속시키면서 정부조직법, 인권법, 사유재산법 등, 제반 입법을 추진하는 한편, 1991년에 몽골인민혁명당이 마르크스 · 레닌주의 포기를 선언케 하고 신헌법 제정에 착수 하였다. 1992년 2월 12일에 발효된 신 민주헌법에서는 "사회주의 국가건설"이라는 문구를 삭제하고, 국호도 '몽골인민공화국'에서 '몽골국Mongolia'으로 변경하였으며, 자유시장경제체제를 지향하고, 중립 · 비동맹 민주국가를 표방하였다. 그러나 오치르바트는 1993년 6월에 실시 된 직선제 대통령 선거에서 몽골인민혁명당의 대선후보가 되는 데 실패하고 야당 단일후보로 출마하여 당선되었다. 즉, 국민적 지지를 받은 오치르바트의 개혁이 몽골인민혁명당의 입장에서는 과도한 것이었다는 사실을 입증한 것이다.

이런 맥락에서 1996년 6월 30일에 실시된 총선에서 야당 민족민주당National Democratic Party과 사회민주당의 연합인 민주연합이 다수 의석50/76석을 차지하여 몽골인민혁명당의 75년 통치를 종식시키는 듯하였다. 그러나 1997년 5월에 실시된 대통령 선거에서 인민혁명당 소속 후보 바가반디Natsagiin Bagabandi가 선출되었고, 2000년 7월 2일에 실시된 총선에서 인민혁명당이 76석 중 72석을 차지하는 압승을 거두었다. 몽골민주연합이 1996년에 여러 분파로 나누어진 것이 이런 회귀의 주효한 요인이 되었다. 대통령의 권한과 의회의 권한 간에 대립이 점점 더 격화되어 간 것 또한 요인으로 작용하였다.

민주헌법이 개정된 직후인 2001년 6월에 실시된 대통령선거에서 바가반디 대통령이 재선되어 몽골인민혁명당의 권력이 공고화 되는 듯하였으나, 2004년 6월 27일에 실시된 총선에서 인민혁명당이 과반의석을 확보하는 데 실패하여 민주연합의 엘벡도르지Tsakhia Elbegdorj 총리를 수반으로 한 연립내각이 구성됨으로써 권력순환이 다시 이루어졌다. 그러나 2005년 6월에 엥흐바야르Nambaryn Enkhbayar 대통령이 선출되면서 2006년 2월에 엥흐볼드Miyeegombo Enkhbold 총리를 수반으로 하여 몽골인민혁명당의 실질적 지배를 강화하는 방향으로 내각을 구성하였다.

몽골의 민주화가 '밑으로부터의 혁명'이 아니라 소수 지식인들의 이니셔티브와 최고 정책결정권자의 자의적 판단이 어우러진 결과라는 점에서 몽골의 민주주의는 극히 취약하다. 특히, 2008년 6월에 실시된 총선에서 몽골인민혁명당의 개표부정을 주장하던 시위가 폭동과 약탈로 변절된 사태를 통해 '제3세계에서 주요 정치집단들 간에 2번 이상 정권이 교체되면 민주주의가 공고화 된다'는 헌팅턴Samuel Huntington의 진단이 몽골의 경우에는 아직 이른 것으로 판단된다.

민주혁명 이후의 사회 · 경제적 변화

1996년에 최초로 야당세력에게 정권을 내어준 몽골인민혁명당이 2000년에 재집권을 하면서 정적들에게 억압, 고문, 억류 등, 다양한 탄압을 가하였다. 민주주의체제로의 전환과정에서 결정적인 역할을 했던 야당 민족민주당의 공동창립자이자 핵심 지도자 중 한 명이었던 조릭S. Zorig 교수의 살해사건과 2003년 야당 총리 군달라이L. Gundalai의 억류사건 등이 그 대표적인 사례들이다. 그러나 전체적으로 민주주의로의 지속적인 이행과정에 있는 몽골은 절차적 민주주의를 이행하고 있으며, 시민적 권리들을 인정하고 있다.

몽골의 경제성장이 1996년부터 멈추었고, 연속적인 위기를 겪으면서 그 영향이 산업 · 상업뿐만 아니라 생활수준과 사회 · 교육 부분에서도 나타났다. 이미 1994년에 27%를 기록하던 빈곤층 인구비율이 지속적으로 상승하여 2005년에는 공식적으로 인정하는 비율Official poverty rate이 36.1%에 이르게 되었다. "거리의 아이들"이 울란바타르에만 공식적으로 1천여 명 있다고 했지만, 실제로는 그보다 훨씬 더 많았을 것으로 추산된다. 사회주의체제 하에서 '산업발전의 꽃'으로 격찬되던 몽골의 두 번째 도시 다르칸에서는 석탄이나 시멘트 채굴장을 부분적으로 폐쇄하고 주민들에게 최소한 먹을 것은 항상 제공되는 가축사육을 다시 하도록 장려했다.

지역의 유지비와 난방비 보조금이 지급되지 않거나, 박봉을 받던 교사들이 보다 나은 소득을 위해 다른 직업을 찾아 떠나면서 학교들이 문을 닫게 되자, 1990년까지 성인 중 83%~96%에 이르던 문자해득률이 청년층에서 급격히 하락하였다. 그런데 특이한 점은 유치원생, 기초과정생4년 초등과정과 4년 중등과정, 직업학교 및 기술학교 학생 수는 1991년~1994년 사이에 현저히 줄어들었지만, 공립 · 사립 고등교육은 급신장하여 1991년에 7곳이었던 교육기관이 1994년에는 59곳에 이르렀다. 이는 외국과의 교육부문 교류 특히, 기독교 선교단체들의 대학 설립을 비롯한 교육투자가 주로 고등교육에서 이루어진 결과로 보인다.

몽골사회의 변화를 제도가 따라가지 못하자 부패가 사회 전 영역에 걸쳐 나타났다. 미국농무성U.S. Department of Agriculture에서 2009년에 제출한 보고서 『몽골 부패 척도 조사』Mongolia Corruption Benchmarking Survey에 따르면, 몽골에서 가구 당 그해 상반기에만 417억 투그릭약 2,890만 달러을 의사, 선생, 변호사, 세관 등에 뇌물로 지급하였다. 부패가 일상화 되었다고 생각하는 몽골인들이 절대다수인 66.2%2008년 9월, 72.2%2009년 3월, 69.1%2009년 9월이며, 5가구 중 1가구, 즉 전체가구의 20%가 3개월에 1번은 뇌물을 제공하였다고 답했다. 특히 2007년 이후 뇌물지급액이 급증하여 가계에 부담되고 있으며, 선생, 의사, 행정부공무원들이 가장 빈번히 뇌물을 받고 있는 것으로 조사되었다. 그런데 시급히 해결해야 될 당면과제로 2009년 9월에 조사된 바로는, 몽골인들이 실업문제35.2%, 가난탈출17.1%, 인플레이션15.2%을 더욱 심각하게 인식하고 있는 것으로 나타났고, 이에 반해 부패14.3%는 상대적으로 우선순위가 낮게 나타났다.

국제통화기금IMF은 몽골의 경제가 2010년에 성장률 7% 내외로 회복되고, 물가상승률도 2011년에는 6% 내외에서 안정될 것으로 보았다. 그런데 최근의 예측자료를 보면 몽골의 2011년 경제성장률은 15%~20% 정도의 고성장을 기록할 것으로 예상된다.

몽골정부는 취약계층을 보다 효율적으로 지원하기 위해 사회이전개혁법Social Transfer Reform Law을 2010년 6월에 제정하려 했으나 6개월 이상 순연시킨 뒤 사회보장법Social Welfare Law으로 개정하여 2011년 초에 채택하였다. 재정의 투명성과 책임성을 높이고 재정수지 · 정부부채 · 지출 상한선 등을 효율적으로 관리하기 위해 재정책임법Fiscal Responsibility Law을 제정할 계획도 갖고 있었으나 재정안정법Fiscal Stability Law으로 고쳐 2010년에 채택되었다. 아울러 예산적자를 2011년에는 GDP 4% 이내, 2013년에는 GDP 2% 이내에서 관리하고 감사인원을 증대하는 등 국세행정 강화 계획을 수립하였으며, 광산개발 촉진과 세수증대를 위해 광업관련 세제 현대화 계획도 수립하고 있다.

몽골 시민사회의 성장

1989년~1990년에 시작된 몽골의 민주적 전환은, 외부환경의 변화와 더불어, '몽골인민혁명당 정치국원들의 사직', '민주헌법 기초', '인민선거를 통한 정부수립'을 요구하기 위해 대중동원이 가능했던 몽골사회민주주의운동, 민주주의운동, 민족민주주의운동 같은 독립적 친 민주주의운동들의 적극적인 개입이 가능케 했다. 이 운동들은 독립적인 시민활동과 자유로운 결사를 위한 정치적 공간을 열어주었고, 몽골에 야당들이 최초로 탄생하는 데 토대를 제공하였다.

1992년의 민주헌법 채택과 처음으로 실시된 자유롭고 공정한 의회선거는 현안 중심으로, 공공정책에 영향을 주고, 정부의 책임을 묻는 서구 유형의 새로운 시민단체들의 등장에 힘이 되었다. 야당들에 가입해 있는 여성들이 만들어 이끌고 있는 NGO비정부기구들이 민주주의와 발전을 지향하며 아주 활동적이다. 그런데 1990년대에 NGO들이 발전한 데에는 미국의 아시아재단The Asia Foundation이나 민주주의진흥기금NED, 독일의 아데나워 재단Konrad Adenauner Foundation같은 서방의 많은 단체들이 제공한 재정적 · 기술적 · 이념적 지원이 큰 역할을 했다. 이런 지원은 새로운 NGO를 만드는 것이 훨씬 용이하게 했던 NGO법을 1997년에 채택하는 데 결정적인 도움이 되었다.

동시에 사회주의체제 하에서 활동했던 대중조직들도 구조조정을 하고, 자신들의 임무와 몽골인민혁명당 및 몽골국가와의 관계를 재규정하였다. 그러나 전반적으로 광범위한 전국적 네트워크를 갖고 있는 이 조직들은 몽골인민혁명당과 관계를 단절하지 않은 채, 국가와 긴밀한 유대를 유지하고 있다. 이 조직들은 여성 · 아동 · 청년 · 연금수급자 협회로부터 평화 · 우정협회, 상공회의소, 몽골적십자사, 노동조합에 이르기까지 광범위하게 망라되어있다.

1990년대 초에 경제가 민영화 되고 정치 · 사회적 민주화가 이루어지면서 '아파트소유주조합' 같은 전혀 새로운 단체들도 출범하였다. 그 결과, 2,530여만 명의 인구를 가진 몽골에 7,000여개의 NGO가 존재하고 있다. 그러나 필자가 2008년 7월에 현지 방문을 통해 알게 된 사실은, 진정한 의미에서 시민사회가 국가의 주요정책 결정과 집행에 참여할 수 있는 길은 제도적으로 열려있지 않다는 것이다.

오늘날 몽골에서 사경제부문이 GDP의 80%를 차지한다. 20년 전에는 1% 미만이었던 서비스부문이 오늘날에는 30%를 차지하고 있다. 현재 울란바토르에만 21개의 일간지가 있고, 200개의 대학교, 25개의 FM라디오방송국이 있다. 이런 현상은 자급자족을 추구해온 유목민의 정신과 문화가 작용하고 있는 것이라고 보는 견해도 있다.

체제전환기에 인권부문에서 점진적 발전을 보인 몽골은 1999년에 제정된 국가인권위원회법에 따라 몽골국가인권위원회The National Human Rights Commission of Mongolia가 국가기구로 2000년에 설립되었다. 몽골국가인권위원회는 위원회법 제15조에 의

거하여 인권관련 문제에 대한 제안, 주요 인권원칙과 관련한 국내법령 및 정책결정에 대한 권고와 제안, 국제인권협약의 효과적인 이행에 대한 제안 및 국가보고서 초안에 대한 제안, 인권문제조사 및 필요한 정보 제공, 국제적 · 지역적 협력과 다른 나라 국가인권위원회와의 협력, 몽골의 인권상황에 대한 보고서 작성, 인권법 및 인권조약에 대한 일반인들의 인식 제고, 인권교육활동 진흥, 국제인권조약 가입 및 비준 촉구 등의 권한과 기능을 가진다.

그렇지만 과거 사회주의 중앙집권적 전통의 잔재로 특히, 경찰과 국가보안 부문에서 여전히 인권침해 사례들이 발생하고 있다. 그러나 전체적으로 계속적인 민주주의로의 이행과정에 있는 몽골은 절차적 민주주의를 이행하고 있으며, 일반적으로 시민적 권리들을 인정하고 있다. 인권신장이 정치발전의 주요 내용이면서 민주주의의 이행도를 나타내는, 특히, 근본적 자유 fundamental freedom의 보장이 민주주의의 역행을 막는다는 측면에서 민주화이후 몽골에서의 인권신장 정도는 향후 몽골의 정치 변동을 가늠하게 할 것이다.

변화하는 몽골의 외교정책과 한국-몽골 관계

몽골은 소련의 위성국으로 대외관계가 극히 제한되어 1961년에 가서야 유엔과 비동맹회의에 가입 할 정도였으며, 1962년에

COMECONCouncil for Mutual Economic Assistance, 경제상호원조회의에 가입하면서 동구 사회주의국가들의 산업 및 기술 지원을 받게 되었다. 아울러 영국1963년, 프랑스1965년 등, 소련의 위성국가가 아닌 국가들과 국교를 수립한 것은 그로부터도 다시 얼마간 시간이 경과한 뒤였다. 그러나 민주화 되면서 몽골정부의 대외관계는 급속히 확장되어 2007년에 147개 국가와 외교관계를 수립한 이래 2012년 1월 18일에 부탄과 수교하면서 163개국으로 수교국이 늘어났다.

몽골은 민주화 되면서 구소련의 영향에서 벗어나 국익에 기초한 실리외교를 추구하고 있다. 1990년에 중국과의 관계는 급부상하는데 비해 러시아와의 관계는 반비례하여 급강하 하여 미국의 대對몽골 투자액에도 못 미치고 있다. 이런 결과는 '몽골의 탈 공산화와 민주화가 곧 자주적 외교정책의 수립'이라는 역사적 반작용의 결과로 보인다.

몽골은 현재 남북한 동시수교국이다. 몽골은 북한과 1948년에 수교하고, 6.25전쟁 때 북한에 물질적 지원을 했을 뿐만 아니라 1952년~1959년에는 197명의 북한 전쟁고아들도 돌보아 주었다. 그에 비해 한국과는 1980년대까지 미수교상태에 있었다. 그러나 1990년 3월 26일에 당시 공산권 국가들 중에서는 가장 먼저 수교하였다. 2011년 8월 22일에 한국 · 몽골 양국 정상은 양국 관계를 '포괄적 동반자 관계'로 격상하고, 에너지 · 자원

분야의 협력을 대폭 강화하기로 합의하였다.

1990년대 초반까지 한국에 많이 기울어져 있던 몽골의 대한반도 정책이 1996년에 민주연합민족민주당, 사회민주당이 집권하면서 북한과의 관계를 복원하고, 북한과 합작하여 대규모의 농장도 4곳에 건설하기로 합의하여 순차적으로 추진하고 있다. 그러면서 '몽골 내에 탈북자들을 수용하기 위한 난민촌을 건설하는 것보다 합작농장을 건설하여 북한 농업인력을 유치하는 것이 합리적이다'고 주장하고 있다. 몽골이 당면하고 있는 경제적 어려움과 투자유치의 필요성 때문에 전통적인 대북관계의 복원과 '남북한 등거리 외교'에 한계가 있을 것으로 판단하는 관찰자들도 있다. 그러나 한국이 외교적 자원으로 몽골을 활용할 수 있는 여지와 탈북자 문제와 관련하여 그간 몽골정부가 취해온 정책을 생각하면 이는 너무 단순한 판단이다. 그간 적지 않은 탈북자들이 몽골을 경유하여 한국에 입국한 현실을 고려하면, 몽골의 여론 주도자들이 몽골 내의 탈북자들을 위한 난민촌 건설에 부정적인 견해를 갖고 있는 것은 우선적으로 극복해야 될 과제다.

북한에 대한 시사점

전체주의 사회에서는 지배이념이 사회적 통합과 사회적 규제를 담당해 왔다. 몽골사회도 사회주의체제 하에서 이 부문이 낮았던 것으로 평가된다. 뒤르께임Emile Durkheim이 인정하는 바와 같이 사회적 규제는 사회적 통합이 일정 수준 이상일 경우에 효과적이다. 사회통제가 효과적으로 이루어지지 못 할 경우에 사회제도가 비효율적으로 되는 사회적 무질서 속에서 꾸준히 새로운 역학적 균형을 찾게 되고, 이는 곧 정치체제에 대한 압박으로 나타난다. 이런 현상은 몽골의 정치변동에 배경조건으로 작용하였다. 그런데 몽골에서는 민주화 추진세력들이 외부환경의 변화와 연성정부의 통제 완화를 이용하여 빠른 기간에 결집할 수 있었던 것이 체제전환의 보다 직접적인 유인요인으로 작용하였다.

이런 몽골의 사례에 비추어 볼 때, 북한에서는 저항세력들을 결집시켜줄 수 있는 사회적 네트워크가 발달해 있지 않아 급격한 정치변동은 피할 수 있었다. 더욱이 북한에는 몽골과 같은 리더십의 대체도 없어 안정적 정치변동도 없었다. 물론, '2차경제' 즉, 공식적 배급체계의 붕괴와 '장마당'으로 대변되는 비공식적 경제영역의 확장은 기존의 제도에 결여된 유연성과 적응성뿐만 아니라 변화된 상황에 대한 대응성을 보완할 수 있다. 그러나 이는 어디까지나 변화와 통제가 접합 · 교호 관계를 형성할 경우를 전제한 것이다.

그런데 북한의 경우, 공공영역의 실질적 규제력이 한계를 드러내고, '자력갱생'과 '독립채산제'로 하부단위들이 현실성 없는 '자립화'를 강요받음으로써 중앙과 하부단위간의 관계가 변하고, 당 · 국가의 간부들에 대한 통제력이 약화 될 뿐만 아니라 주민들의 노동력과 유동성에 대한 통제력도 약화되고 있다. 따라서 북한의 '2차 경제' 확장은 장기적으로 당 · 국가의 내부 메커니즘을 약화시키고, 체제 내에 크고 작은 변화들을 누적시킬 것이다.

이런 관점에서 북한의 국가 지도자들이 현재의 상황을 제대로 직면하지 못하면 '제2 사회영역'의 확장이 체제에 주는 압력과 그로부터 오는 사회적 무질서가 걷잡을 수 없게 점증하는 상황이 도래할 것이다. 오늘날 북한의 가장 중요한 모순은 강한 통제 메커니즘과 취약한 사회 간의 접합에서 비롯되고 있다. 몽골의 사례와 북한을 비교해 볼 때 북한의 정치변동은 그 양상이 다를 수 있지만, 가능성 자체는 상당히 높은 것으로 전망된다. 현재와 같이 와해의 길을 걷고 있는 북한사회 위에서 북한의 현 정치체제는 오랫동안 견디지 못할 것이다.

몽골의 지도자들이 '탈 스탈린주의 단계'에서 '1차 사회' 즉, 공식적인 사회영역의 부정적인 측면에 대해 자기비판을 하고, '탈 전체주의 단계'에 접어들면서 정책적 목표를 전환하여 비공식 영역인 '제2 사회영역'을 공식화 혹은 준 공식화시켰던 것처럼, 북한의 지도자들 역시 그들의 제도적 영역을 확장하고, 물리적 강제력을 사용하는 직접적 통제로부터 자발적 동의에 기초한 사회통합을 추구하는 간접적 통제로 바꾸어야 될 것이다.

8장
몽골인들의 눈에 비친 한국과 한국인

사인빌렉트 (몽골국립대학교)

'꽃파는 처녀'와 '홍길동'

'한국사람'하면 대부분의 몽골사람들은 흰 색의 옷과, 약간 길쭉한 얼굴, 얇은 눈을 가진 사람들고 생각하고 갓난아이를 등 뒤나 앞에 업고 다니는 모습을 떠 올린다. 또 한국인들이 '고난이 많았던 민족'이라고 하기도 한다. 적지 않은 몽골사람들은 아직도 1980년대 초 몽골에서 상영된 북한영화 '꽃 파는 처녀'라는 영화가 몽골사람들의 심금을 울렸던 것을 기억하고 있다. 북한을 이르는 '고려'나 한국을 일컫는 '솔롱고스'이든 간에 한국이나 북한을 나쁘게 말하는 사람은 거의 없다.

그러나 한국과의 교류가 활발하지 않았던 1980년대 말까지만 하더라도 한국인들의 모습은 주로 북한위주로 그려졌다. 사회주의와 공산주의 이념과 체제하에 있었던 몽골인들은 1956년 11월 2일 평양에서 양국간의 경제문화협력에 관한 교류가 시작되면서 몽골에는 문화와 예술 등 다양한 분야에 적지 않은 변화가 생겼고 이 후 한국에 대한 몽골인의 인식 또한 북한 위주로 흘러간 것이다. 1980년대말 북한영화 '홍길동'이란 액션영화가 상영되었을 때는 가히 전성기라 할 수 있었다. 영화를 보려는 관객들은 장사진을 이루고 있었고, 몰려드는 관객을 정리하기 위해 경찰이 출동하는 사태까지 벌어지기도 했다. 사람들 중에는 "나는 몇 번씩이나 봤다"라고 자랑하면서 주인공인 홍길동의 액션과 싸움에서 이긴 재주를 몸소 보여주는 사람도 많았다.

1989년 가을, 몽골사회를 뿌리 채 흔든 변화의 바람이 거대한 바람이 불기 시작했다. 곳곳에서 크고 작은 시위가 연일 일어났고 사람들은 충격과 공포에 싸이기도 하고, 갑작스러운 변화에 놀라 어찌할 바를 모르거나 사태의 진전을 지켜보는 사람들도 많았다. 이듬해인 1990년 3월 7일 몽골민주화운동을 주도했던 10명의 젊은이들이 수흐바타르 광장에 모여 단식투쟁을 시작하면서 당시 국가최고위원회 위원들에게 즉각 사퇴할 것을 촉구하는 청원서를 제출했다. 이틀 만에 이들의 요구가 받아 들여 지면서 3월 9일 드디어 몽골혁명당 최고위원회 전원이 사퇴하게 됨으로서 최초의 정치적 단식투쟁이 끝을 맺었다. 이처럼 몽골의 민주화운동은 피 한 방울 흘리지 않고 성공한, 이른바 무혈혁명을 통한 정치체제의 변환이 이루어지면서 민주주의 체제로 이행하게 된 것이다. 이러한 정치적 격변기에 발생했던 수많은 정치적 변화와 대외정책 중에서도 가장 획기적인 것은 바로 1990년 3월 26일 몽골과 한국이 수교를 한 것이었다.

그 당시 몽골의 체제가 완전히 개방되지 않았기 때문에 한국에 대한 정보는 미비했었고 인식 또한 북한위주에서 크게 벗어나지도 못하고 있었다. 여전히 상당수의 몽골인들은 한국을 미국과 같은 자본주의의 국가의 하나로 인식했다. '자본주의자'들이라는 의미는 곧 '욕심쟁이이자 약자를 괴롭히는 공공의 적'이라는 의미가 내포되어 있었기 때문에 몽골사람들은 곧잘 '무새인 호롱고트누드' 즉 '자본주의자 놈들"라고 욕하곤 했다.

그러나 그토록 미워했던 자본주의자들로 여겼던 몽골사람들은 1990년 초에 남한에서 온 몇 몇 외교관과 대학원생들, 선교사들을 보았을 때 이들은 옷차림이 뭔가 달랐고, 얼굴도 윤기가 흘렀을 뿐아니라 말씨도 곱고 성격도 좋다는 것을 느꼈다. 이로부터 점차 '자본주의자 놈들'이라는 생각에서 벗어나게 되었다.

과거 외국인이라고 하면 러시아인, 체코인, 불가리아인, 폴란드인 등 사회주의 국가의 백인들이 대부분이었던 몽골사람들은 외모와 체격이 비슷하면서 친절하고 상냥한 한국인들에게서 호감과 친근감을 느꼈던 것이다. 시간이 흐르면서 양국을 오가는 사람이 급속도로 증가하게 되고 한국을 다녀온 몽골인들로부터 한국에 관한 정보와 소식, 소문들이 물밀듯이 쏟아져 들어와 관심이 증폭되어갔고 고향친구를 통해 들려오는 한국소식은 '나도 한국에 가 보고 싶다'라는 생각을 심어주게 되었다.

북한과의 교류역사가 60여 년, 남한과는 20여 년 남짓한 우호관계를 유지하고 있는 몽골은 한반도의 남쪽과 북쪽에 여전히 역사적인 경험과 협력을 유지하고 있지만 많은 몽골인들이 새로운 친구가 된 한국에 대한 인식과 느낌, 호감이나 비판들을 표현하는 사람들이 많아졌다.

나 또한 20여년간 한국어와 한국문화를 공부하고 또 대학에서 학생들을 가르치면서 느낀 감정과 경험, 그리고 한국생활 중에 일게 된 경험들을 바탕으로 한국과 한국인에 대한 나의 개인적인 생각과 소회를 털어놓기로 용기를 냈다. 처음으로 이런 글을 쓰는 나로서는 실수가 걱정되기도 했지만 나의 개인적인 생각만을 적기 보다는 다른 몽골사람들의 인식도 고려하면서 좀 더 객관적이고 합리적으로 써내려 가려 한다.

흰색을 좋아하는 한국사람

한국민족은 예로부터 흰 색을 좋아하는 '백의민족'으로 알려져 있다. 한국인들도 몽골사람들처럼 기본 5색청, 백, 적, 황, 흑을 구별했지만 그 중에서도 한국사람들은 유난히도 흰색을 좋아한다. 한국에서 살 때 전통적인 흰옷을 입은 노인들을 많이 볼 수 있었다. 얼굴이 희고 피부가 햐얀사람이 미용면에서 단연 최고의 상징처럼 알려져 있고 인기도 많다고 알려져 있다. 희고 뽀얀 피부를 보호하기 위해서라면 한국사람들은 무더운 여름에도 자외선을 차단하는 모자나 스카프, 긴팔셔츠를 입고 다닌다. 주름 하나 없고 햐얀 피부를 가지려면 피부관리와 보호에 더 없는 관심과 열정을 보여야 한다.

한국과 같은 기후는 당연히 하얀 피부를 갖고 이를 관리하는 데 영향을 미친다. 특이한 것은 여성들 뿐 아니라 남자들도 피부관리에 상당한 관심을 보이고 있다는 점이다. 몽골사람들은 아무리 피부관리를 해도 강한 자외선으로 인해 탄 피부를 보고 애석해한다. 어떤 몽골사람들은 한국사람들의 지나칠 정도의 '하얀 피부사랑'을 꼬집으며 '화장이 너무 짙다', '한국의 남성들도 여자처럼 입고 화장하고 다닌다'며 비난하기도 한다.

사실 몽골에 온 한국사람들은 강한 자외선에 노출되어 손상되는 피부를 가장 우려한다. 민감한 피부를 가진 한국사람들은 몽골의 따가운 햇볕과 자외선, 건조한 기후에 오래 버티지 못하고 돌아간다. 그러나 요즈음 한국에 갔던 몽골인들의 피부가 한국사람처럼 뽀얗고 맑은 색이 되어 돌아와 몽골사람들은 여름을 제외한 봄가을이나 겨울철에 한국에서 사는 것을 선호하게까지 되었다.

한국인들은 흰색을 좋아하는 것 외에도 아주 깔끔한 사람들로 여겨진다. 흰 옷을 깨끗하게 입으려면 깔끔해야 하고 목욕도 자주 하지 않으면 안 될 것이라는 생각이 든다. 몽골에 오는 한국인들을 보면 하루만 목욕을 못하면 참지 못한다. 한국의 찌는 듯한 무더운 여름을 경험해보면 이해가 간다. 건조한 몽골의 날씨와는 달리 한국의 여름은 후덥지근하고 습도가 높아 더위에 몸이 끈적거리면 하루 한 번이 아니라 하루에도 몇 번이나 씻지 않으면 안된다.

한국의 주부들을 보면 설거지 할 때 내가 보기에도 정말로 엄청난 양의 물과 세제를 쓰고 있지만 '깔끔한 것'을 좋아하는 한국사람들의 성격을 이해할 수 있는 것이라 반대할 수만은 없는 노릇이다. 한국인의 흰색 사랑은 한 발 너 나아가 한국의 화장품, 비누, 세제 등의 생필품에서 내의나 양말 등 경공업제품의 개발에까지 영향을 미쳤고 이 것이 현재는 한국뿐만 아니라 해외시장과 몽골 시장에도 큰 비중을 차지할 정도로 성장하고 또 발전했다.

2011년 5월 1730명의 몽골인을 대상으로 실시한 설문조사에 따르면 11종의 한국제품중에서 8가지를 몽골사람들의 대다수인 70%가 사용하고 있는 것으로 조사되었다. 이 열 한가지 품목에는 한식, 한국음악, 뮤직비디오, 텔레비전 드라마, 전자제품, 휴대전화 등 통신 단말기, 컴퓨터, 자동차와 기타 장비, 화장품, 가전제품, 의류, 식품 등이 포함되어 있는 것을 보면 몽골에서 한국제품과 한국에 대한 인기를 가늠할 수 있다.

자신의 권리를 키킬 줄 아는 한국인

한국에는 몽골의 7분의 1에 지나지 않는 9만 평방킬로미터의 면적에 5천만명에 가까운 인구가 밀집해서 살고 있다. 이러한 지리적 및 환경적 조건은 스스로가 자신의 권리를 보호하기 위해 노력해야 하며, 극심한 경쟁속에서 살아남아야 함을 인식시켜주었다. 원래 경쟁은 자연이나 사회구성원들의 자아발전과 성장과정에 중요한 역할을 담당해왔지만 한국처럼 좁은 땅에서 살아남으려면 개인이 자신의 권리를 스스로 지키지 않으면 안 된다.

한국에 살면서 한국생활에 반드시 알아두어야 할 단어를 꼽으라면 '따지다'라는 말이다. 굳이 번역하자면 '꼼꼼히 살펴 옳고 그름을 밝혀 가리다', '구체적으로 셈을 하여 정확하게 헤아리다'라는 의미다. 즉 누군가가 나의 권리를 침해하는 어떠한 문제가 생겼을 때 그 문제의 시비를 가려 밝혀내기 전에는 결코 안심하거나 가만히 있을 수 없다는 의미가 내포되어 있다. 한국에서는 문제를 규명하고 해결하려는 의도나 의지가 공공의 이익과 만나게 되면 바로 대규모 시위로 번져나가 정권마저도 바꿀 수 있는 큰 파워로 변하기도 한다. 200만명의 한국인이 참가한 1919년에 있었던 항일민족운동인 3 · 1운동, 부정선거를 반대한 1960년의 학생혁명, 독재정권에 항거한 1980년 광주민주혁명 등을 보면 '한국인, 한국민족을 결집하는 원동력은 과연 무엇일까?'라는 질문이 저절로 나온다. 민주주의와 정의로운 사회를 위해 목숨을 걸고 싸우는 한국인들의 투쟁정신이 새삼 대단하다고 느껴진다.

한국인들은 또한 공공의 이익을 위해 강하게 뭉쳐 싸우기도 하고 자신의 권리를 위해서 필요하다면 등을 돌려 배타적으로 행동하기도 한다. 우리 몽골도 외몽골과 내몽골로 나누어진 지 이미 수백 년이 지났지만 남북한처럼 서로 적이 될 정도로 깊은 갈등은 없다는 생각이 든다. 물론 남북한 문제가 민감한 문제인 것은 틀림없다. 몽골사람들에세는 남북한은 독립된 별개의 나라지만 우리의 머릿속에는 '하나의 솔롱고스라는 나라'로 인식될 때가 많다.

이와 관련된 것으로서 또 하나 이해하기 어려웠던 것은 한국에 다녀 온 여러 친구들이 '한국친구를 사귀지 못하고 왔다'는 것이다. 다시 말해 '한국사람은 좋은 사람을 만나면 부모형제처럼 잘 대해주지만 그렇지 않으면 한 명의 친구도 사귀지 못하고 돌아올 수도 있다'고 얘기하는 사람들이 있다. 왜일까? 어떤 때는 태양처럼 따뜻하다가도 어떤 때는 왜 그러는지 정말 모를 정도로 마치 북극의 어름처럼 차가워지는 한국의 친구들을 아직 우리가 정녕 제대로 이해하지 못하고 있는 것은 아닐까? 어쨌든 요즘 몽골인들에게 있어 러시아인은 편하고 착한 이미지를 가진 사람들로 비쳐지고 있고, 중국인들은 속과 겉은 알수 없으나 부지런한 사람들, 한국사람은 부지런하고, 또 매너있고, 신앙심이 깊은 사람들로 인식되고 있다.

문화를 국력으로 만드는 한국

'문화산업'이라는 개념이 최근에 많이 등장한다. 여기서는 '교육', '문화예술', '음식문화', '기술이전' 등이 국력이 되고 있는 한국의 사례를 중심으로 우리가 배울 점은 무엇인가 알아보고자 한다.

첫째는 한국 교육의 힘이다. 한국은 예로부터 교육을 숭상해 온 나라였다. 한국은 특히 교육이야말로 개인의 성장과 국가발전의 원동력이라 여겨왔기 때문에 자식 교육을 무엇보다도 중요시해 오고 있다. 한국전쟁이 끝난 1960년대와 70년대의 그 어려운 시기에도 허리띠를 졸라매고 자식을 가르쳤으며 국내외의 유명학교로 보내 공부시킨 결과 '지식기반의 경제'를 일으킨 결과 한국경제가 오늘날 세계 11위에 이르게 되었다. 몽골의 국회의 '2007~2021 국가발전전략'에는 '지식기반의 경제'를 국가의 최고 목표로 설정함과 동시에 과학기술을 우선적으로 발전시킨다는 목표를 정해 놓고 있다. 이러한 목적을 달성하기 위해 '한강의 기적'을 이룩한 한국의 국가발전의 경험이 몽골의 모델로 될 수 있을 거라고 믿는 사람이 많다. 다시 말해 몽골은 선진국들의 발전 모델을 성공적으로 리모델링한 일본과 한국의 발전이 좋은 모델이 될 수 있다는 것이다.

수교이래 20여년이 흐르는 기간 동안 많은 몽골인들이 한국에 유학하고 돌아와 '한국유학생협회'를 결성하고 몽골의 국내의 선진 첨단기술, 과학, 교육, 사회경제, 사업 등에서 성공적으로 활동하고 있다. 특히 그 중에는 한국에서 유학한 많은 한국유학파 교수들을 중심으로 양국간의 학자들간에 과학기술, 자연과학, 고고학, 인류학 등의 분야에서 공동 프로젝트와 연구활동이 이루어지고 있다.

'교육이 곧 국력'임을 알고 있는 한국인들은 지금도 교육분야에 많은 투자를 하고 있다. 특히 유학생 유치에 지원을 아끼지 않고 있으며 매년 울란바타르시에 개최되는 한국유학박람회에 참여하고 있는 40여개의 한국의 대학들은 유학에 대한 정보와 장학제도, 일자리에 대한 지원과 정보를 제공하고 있다. 이 결과 현재 한국에서 공부하고 있는 몽골의 유학생 수가 3,500명에 달하고 있고 이는 중국에 이어 2위를 차지하고 있다. 300만 명의 몽골의 전체인구에 있어서 이 숫자는 결코 작은 수가 아니다. 앞으로도 한국에서 공부하려는 몽골의 젊은 학생들의 수는 계속해서 늘어날 전망이다.

한국에서 공부하려는 몽골학생들은 몽골의 노동시장이 진정으로 필요로 하는 전공을 공부하는지를 고려해야한다. 오늘날 몽골에 필요한 광산개발이나 도시개발, 건설 및 토목, 자연과학 등의 분야에서 공부한 인재들에 대한 조사가 시급하다. 몽골의 인적자원 정책이 부실하다고 비판하는 목소리가 많은데도 정부는 아직까지 신속한 대책을 세우지 못하고 있다. 최근에야 외국에서 유학한 인재들과 전문가들에게 일자리를 제공하는 등 고급두뇌를 국내로 유치하려는 움직임이 시작되었다. 유학생을 포함한 해외거주 몽골인 수가 13만명을 넘어섰는데도 여전히 국내에는 고급인력이 부족하다는 것을 뒤늦게나마 깨달은 것이다.

'지식기반의 경제'를 달성하려면 지식과 교육을 어떻게 자산이 되게 하며, 어떻게 해야만 세계수준의 교육과 연구를 수행하고 전형적인 캠퍼스를 만들었는지 한국의 발전모델을 통해 배워나갔으면 좋겠다는 생각이 든다.

둘째는 한류의 힘이다. 문화와 예술, 음악에는 각 민족의 특성과 차이점이 존재하지만 이는 곧 인류공동의 유산이라는 의미에서 유사점도 존재한다. 문화강국, 예술의 강국이라고 알려져 있는 한국은 문화와 예술의 힘이 국가의 경제발전에 영향을 미친다는 것을 단적으로 보여주고 있다. '한류'라 부르는 소프트 파워가 바로 이것이다. '한류'는 이미 아시아를 넘어 유럽, 미국에서 선풍적인 반응을 보이고 있으며 여기에는 한국정부의 아낌없는 지원이 있었기에 가능한 것이었다. 몽골에서는 1998년에 한국의 드라마 '모래시계'가 방송된 후 한류바람이 불기 시작했다. 현대 한민족의 역사와 전통에 대한 몽골인들의 인식이 짧은 기간에 형성되었고, 이런 인식의 대부분은 한국에 거주하는 몽골인들에 의해 한국드라마나 오락 프로그램이 한국상품과 함께 소개되었다. 몽골의 노래방에서 울려 퍼지는 한국음악을 통해서도 전파되기도 했다. 최근 'K-Pop'이라 불리는 한국가요도 몽골의 젊은이들과 학생들의 폭발적인 관심을 끌고 있다. 티아라, 소녀시대, 빅뱅, 수퍼주니어, 비스트, 2NE1와 아이유를 모르는 젊은이들이 없을 정도이다.

문화와 예술의 힘을 한국인들만이 활용하고 있는 것은 아니다. 세계의 수많은 나라들이 문화예술에서의 최고의 인재를 발굴하여 훈련시켜 스타로 배출하고 여러 가지 텔레비전 쇼를 제작하는 등 다양한 방법을 동원하여 문화를 전파시키고 있다.

그렇다면 우리는 이러한 세계의 추세를 바라보고 따르기만 해야 하는가, 아니면 우리 스스로가 내세울만한 특징을 찾아 더욱 적극적으로 움직여야 하는가라는 과제에 직면하게 된다. 최근은 전통음악을 현대식 음악과 혼합시켜 새로운 음악장르에 도전하고 있지만 문화예술 분야를 국가의 브랜드 이미지가 될 수 있는 소프트 파워 전략을 세우기 위해서는 다자간의 협력과 투자가 필요하다.

한국의 한류 정책, 즉 소프트 파워 정책의 성공비결은 정부의 지원에서도 찾을 수 있지만 무엇보다도 문화컨텐츠를 발굴하여 성공시켰기 때문이라는 생각이 든다. 아시아, 유럽, 미국, 중동, 아프리카 등 전세계의 다양한 청중들의 마음을 움직이고, 그들의 문화적 요구에 맞는 컨텐츠를 만든다는 것은 결코 쉽지 않은 일이다. 철저한 고민과 치밀한 사전조사, 예술적 감각과 지식, 자본과 노력을 기울이지 않고서는 이러한 결과가 만들어질 수 없다. 몽골속담에 '까마귀가 오리를 따라하다간 발이 언다'라는 말이 있다. 이러한 착오와 실수를 피하기 위해서는 첫 발부터 치밀하고 세밀한 계획에 따라 추진되어야 자신의 얼굴에 먹칠을 하는 일이 없을 것이다.

셋째는 한국의 음식문화이다. 한 나라의 음식문화는 인간의 생활 방식과 자신이 종사하고 있는 업종, 경제적인 능력, 사회 발전에 따라 형성된다. 우리 몽골인들은 70여년 지속된 공산주의 체제하에서도 그랬듯이 한 잔의 차와 함께 빵이나 과자를 먹고, 직장인들은 점식식사로 스프나 주요리 하나를 사먹고, 대학생들은 두 세 명이 모여 점심에는 튀김 만두나 찐 만두 몇 개를 먹고, 저녁에는 집에서 고기가 들어간 음식을 먹는 것으로 끝낸다. 다시 말해 저녁에 한 번 먹는 고기 요리로 하루 24시간을 때우는 셈이다. 어떻게 보면 하루 세끼 식사를 다 하는 것 같으면서도 정작 무엇을 먹고 있느냐에는 그다지 관심을 갖지 않는다고 할 수 있다.

그런데 한국에 가면 매일 꼬박꼬박 세 끼 식사를 하면서 아침에는 이런 음식을 먹었으니 점심은 저런 음식, 저녁에는 또 다른 음식을 골라서 먹는 등 음식에 신경을 쓰게 된다. 하루 세 끼 식사뿐만 아니라 한국에는 식사와 식사사이에 먹는 간식과 늦은 밤에 먹는 야식까지 있다. 한국사람은 우리 몽골사람보다 훨씬 더 많이 먹는 것처럼 보였다. 가끔 그 매운맛으로 유명한 고추와 오징어와 같은 해산물, 전에 먹어보지 못한 신기한 음식을 먹느라 소란을 피우기도 했다. 한국에 오래 있다 보면 나도 모르게 한국의 이런 음식문화에 적응되어 좋아하게 되었고 빨리 배가 고파져서 다음 식사가 기다려지기도 했다.

음식은 단지 우리 몸에 영양소를 공급하며 에너지를 생산하는 원천일 뿐만 아니라 우리의 건강에도 영향을 준다는 것을 한국에 살면서 깨달았다. 유럽 음식과 비슷하면서도 유목 생활에 접목된 음식 문화를 가지고 있는 우리에게도 한국에서 유행하고 있는 신세대적인 도시의 음식 문화인 '웰 빙' (Well-being)식 음식문화가 절실히 필요하다고 생각된다. 한국인들은 바로 이러한 트렌드를 정확하게 포착하고 몽골에 한식을 하나의 문화로 변모시켰다. 많은 한국 식당이 생겨났고 한국의 음식들이 몽골 사람들의 입맛을 자극하게 되었다. 한국음식에 대한 평가는 두 가지로 갈라진다. 어떤 사람은 '한국 음식이 기름기가 적고 담백하며, 소화가 잘되고, 야채와 양념이 풍부한 음식'이라고 칭찬을 하는가 하면 '한국, 중국 식당들이 우리 몽골의 음식시장을 잡아먹을 것이다'라는 우려 섞인 불만을 토로하는 사람도 있다.

한국 음식이 널리 알려지게 된 데에는 음식에 사용하는 재료와 양념, 그리고 식사에의 예절이라는 요소들이 큰 영향을 끼친 것 같다. 예를 들면 맑은 국이나 찌개 종류, 칭기스칸 또는 '샤브샤브'라고 불리는 음식들이 몽골인들의 입맛에 맞는 반면에 오곡밥, 붉은 고추나 후추와 같은 매운 양념을 첨가한 음식은 몽골사람들 보다는 더운 나라에서 온 외국인들이 더 좋아하는 것 같다. 짜고 매운 자극적인 양념을 너무 많이 사용해서 싫어한다거나 건강을 생각하는 사람들의 비판거리가 되기도 한다.

앞으로 몽골에서도 점차 '우리가 먹는 것이 우리 몸을 만든다'는 개념이 널리 보급되면 먹거리에 별로 관심을 가지고 있지 않았던 몽골사람들도 음식개발에 노력하게 될 것 같다. 이러한 측면에서 볼 때 몽골인이 한국인들에게 배울 것이 많다는 생각이 든다. 한국사람들은 자신의 독특한 음식문화를 현대적 수요에 맞춰서 변화시키고 새로운 아이디어를 통해 개발하여 이

태리, 중국요리와 겨룰 수 있는 세계적인 음식을 만들고자 꾸준히 노력하고 있을 뿐 아니라 소비자들의 요구에도 귀 기울이고 있다. 또한 한국 정부에서도 세계적인 브랜드를 만들기 위해 중소기업의 발전에도 지원을 아끼지 않고 투자한 결과, 한국의 라면, 김치, 미역, 음료, 과자, 활력음료 등이 몽골뿐만 아니라 세계인의 입맛을 사로잡는 애용품이 되었다.

마지막으로는 기술의 힘이다. 기술강국, 전자통신강국으로 알려져 있는 한국에서는 생활패턴도 매우 빠른 속도로 변화하고 발전하고 있다. 2008년의 한국의 통계청이 조사한 바에 의하면 한국의 가구당 인터넷 보급률은 80.6%로 열 가구중 8가구 이상이 인터넷을 사용하고 있는 것으로 나타났다. 인터넷뿐만 아니라 핸드폰, 전자제품, 최신형 자동차의 사용량도 세계적이 수준으로 높게 나타났다. 이 것이 바로 한국의 기술이 급속히 발전하고 있다는 증거이며 이로 인해 한국인의 생활방식도 상당히 바뀌었다고 할 수 있다. 이에 반해 몽골인들의 인터넷 사용은 2008년 3월 통계로 320,000 멍에 달했으며, 중앙과 지방을 연결하는 인터넷 회선이 구축되었다. 그러나 인구의 절반이 수도인 울란바타르에 집중되어있고 나머지 절반은 지방에 흩어져 사는 몽골의 실정에는 위성통신이나 무선 휴대기기가 더 효과적임은 당연하다. 몽골정부도 최근 '전자 정부'를 구축하기위해 2005년부터 발 빠르게 움직이고 있다. 전자정부가 구축되면

복잡하고 비효율적인 여러 가지 절차와 서류작성의 어려움에서 벗어날 수 있을 것이라고 확신하고 있다.

정보통신 및 기술 분야가 앞으로 전망이 밝다고 생각하는 젊은이들이 점점 증가하는 추세를 보이고 있다. 이 분야의 전문가가 되면 취업도 잘 될뿐 아니라 굳이 해외에 나가서 일해야 할 필요도 없게 되고 비용도 절감할 수 있으며, 또한 투자비용도 그다지 높지 않아 지하자원처럼 고갈될 염려도 없고, 환경보호에도 도움이 되기 때문에 인기직업으로 등장하고 있다. 현재 몽골의 E-Government전자정부 구축과 개발에 한국이 참여하고 지원하게 되었다는 것은 반가운 소식이다.

몽골에 부는 한국어 열풍

세계화의 물결이 거세진 현 사회에 여러 민족과 국가들이 더 더욱 가까워지고 있고 외국어에 대한 관심도 급격히 늘어났다. 예를 들면 몽골국립대학교에서는 현재 영어, 중국어, 일본어, 한국어, 독일어, 불어, 러시아어, 터키어, 아라비아어, 이태리어, 스페인어, 체코어, 폴란드어 등의 여러 나라의 언어를 가르치고 있다. 한 연구 결과를 보면 몽골인들은 배워야 할 언어와 현재 배우고 있는 언어의 필요성을 다르게 인식하고 있는 것으로 나타났다. 러시아어의 경우 실질적으로 배우고 있는 사람은 적으면서도 배워야 할 언어로서는 영어 다음으로 2위를 차지한 것이 이를 단적으로 말해준다. 한국어를 배우게 된 계기를 조사해 보면 '한국어는 배워 놓으면 좋은 언어다'라는 응답이 가장 많았고, 한국유학이나 한국관련 사업을 하게 되면 필요하기 때문이라는 대답이 그 다음을 차지하고 있다. 이 외에도 한국의 문화, 가요, 음악, 영화를 이해할 수 있고, 한국 역사와 한국에 대해 알기 위해서 한국어로 배우고 있다고 답하고 있다.

현재 몽골에서는 약 25개 대학이 한국어를 가르치고 있으며 총 4000명의 대학생들이 한국어를 필수 또는 선택과목으로서 배우고 있다. 대학 이외에도 어학원, 연수원 등 비정규과정을 다니면서 한국어 배우고 있는 사람들도 적지 않다. 한국인력공단에서 실시하는 한국어능력시험 응시자가 10,000명이 넘기도 한다.

이 숫자를 보고 답답해하는 사람들도 있다. '이렇게 많은 사람들이 한국어를 배워 뭘하나?', '한국어 배우지 말고 영어를 배워라'는 말을 하는 사람들도 있다. 이런 말을 한국사람들도 서슴없이 하기도 한다. 물론 몽골학생들의 취직과 진로 문제를 걱정해서 이런 말을 하는 것으로 이해되지만 그다지 우려할 문제는 아니라고 본다. 다시 말해, 학생들의 진로문제에 앞서 해당 언어의 수요문제도 고려될 필요가 있다는 것이다. 앞에서 언급했듯이 잘 배워야한다는 러시아어는 현실적으로 거의 배우고 있지 않는 반면에 필요에 의해 배운다는 한국어를 왜 이리 많이 배우는지? 그리고 이 외국어는 이만큼 배워야 한다고 누가 과연 정할 수 있을까? 외국어 수요조정을 할 수 있는 방법은 과연 있는 것인가? 이러한 질문에 대답할 수 있어야만 할 것이다.

사람들이 나에게 한국어를 배우게 된 동기를 종종 물어보곤 한다. 하지만 나도 한국어를 배울 때 뚜렷한 동기나 목표 없이 시작했기 때문에 사람들이 기대하는 대답을 하지 못한다. 1991년 10월, 몽골국립대 국제관계대학에 '한국어학과'가 개설되어 첫 학생을 모집했다. 그러나 이미 신입생 모집이 6월에 끝난 상황이라 10월의 학생모집이 어렵게 되자 학교측은 그해 2월에 한국어 무료강좌를 수강했던 학생들이 편입할 수 있도록 배려했다. 그 편입생들은 대부분 몽어몽문학과 3학년 학생들로서 1994년에 제1회 한국어학과 졸업생이 된 것이다. 이들 중 세명은 모교에서 한국학과 교수가 되었다.

지금 생각해 보면 당시 '한국 무료강좌'라는 작은 광고지가 한국어를 배울 수 있도록 문을 열어준 열쇠가 된 것이다. 그리고 오후시간대에 한국어 원어민이 가르친다는 것도 즐거운 일이었다. 주지하다시피 1990년 초에는 몽골사회 전체가 불안했고 학생들은 오후시간이 되면 거의 할 일이 없었을 뿐 아니라 무언가 새로운 공부를 하고 싶어도 주머니에 돈이 없었던 시절이었다. 원래 나는 한국어보다는 영어를 배우고 싶었지만 영어에 대한 큰 부담감으로 인해 전혀 몰랐던 한국어가 새로운 도전으로 다가와 새로운 지식과 기회를 제공해 준 것이다.

이 도전은 지금도 이어지고 있고 아무 것도 없는 백지와 같은 순수한 머리 속에 한국어와 한국문화, 한국에 대해 조금씩 흥미와 재미가 더해져 갔고 더욱 배우고 싶은 욕구와 의욕도 유발시켜 주었다. 사회주의의 울타리 속에 갇혀 있었던 학생들이 한국어라는 창문을 통해 그 전에 접해보지 못한 새로운 세계를 만났을 때 그 기쁨이 얼마나 큰 것이었나는 상상하기 어려울 정도로 큰 것이었다. 정말 한국어를 배우면서 심심해하거나 지루해 할 틈도 없이 달려왔다. 뚜렷한 목적을 가지고 이 길은 선택한 것은 아니지만 한국어 뒤에 숨어 있던 무한한 가능성이 나를 인도하여 지금의 자리에 올려놓지 않았을까 하는 생각을 해본다.

그 다음으로 나에게 많이 물어 보는 질문은 '한국어를 몇 년이나 배웠나? 외국어를 잘 하려면 무엇을 해야 하는가?'라는 것이다. 이 실문에는 다음과 같이 간단하게 대답해준다. 어떠한 외국어이든 잘 배우려면 시간이 많이 소요된다. 꾸준히 20년을 투자하라. 그러면 어느 정도 습득된다. 왕도는 없다는 것을 알아 두라고 말해준다. 사실 외국어를 배우는 데 상당한 시간이 소요된다는 것은 누구나 다 알고 있는 사실이지만 이 기간을 줄여보고자 온갖 방법을 다 동원한다. 가령 외국어 조기교육이라

든가, 원어민 교사와의 회화, 유명 외국어학원 다니기 등등. 그러나 외국어를 수박 겉핥기로 배워서는 간단한 대화나 의사소통이야 가능할지 모르나 외국어 전문가나 고급수준의 외국어 사용자는 절대로 되지 못한다.

외국어 전문가는 적어도 외국어 사용자는 많아야 한다는 것이 나의 소박한 견해이다. 모든 사람이 적어도 두 가지 외국어를 배워 사용할 줄 알게 되면 더욱 좁아지고 있는 세계에 다른 이들과 소통하는데 도움이 된다. 이러한 의미에서 한국어를 배우는 학생들에 대해서는 그다지 걱정하지 않는다. 별 목적 없이 배워도 언젠가는 좋은 기회가 다가 올 것이라 믿기 때문이다. 중요한 것은 그 기회를 발견하고, 필요할 때 쓰는 것이 성공의 열쇠가 된다는 것이다.

한국에 대한 그릇된 오해들

한국여자들은 남편에게 잡혀 산다?

고운 소리로 소곤소곤 말하는 한국 여성들이 더없이 여성스럽고 남편 말이라면 잘 듣고 순종할 것이라 생각했다. 이 점은 오랜 기간 동안 남녀평등사회를 주장하면서 남편에게 함부로 대드는 몽골여성들과는 다른 점이라 생각했기에 한국여성들의 삶을 주의 깊게 관찰해 보았다. 그러나 아름다운 부인을 무서워하는 남편들, 남편과 아이들 두고 집을 나가버린 여자들, 큰 소리로 자유를 외치며 시위를 벌이는 여성들은 우리의 몽골여성들과 별다른 차이가 없는 것같아서 실망할 때도 있었다. 여성들의 사회활동이 늘어나고 더욱 자유롭게 되었는데도 왜 이렇게 씁쓸한 생각이 드는 걸까? 물론 여성들의 사회적 억압을 찬성하는 것은 아니지만 여성들의 순종적인 미덕을 한국에서 찾아보려 했던 것이 오해였던 것이다. 지금도 한국의 남성 우월주의를 비판하는 사람들이 있지만 순종적인 여성의 미덕은 이와는 별개의 문제일 것이다.

한국어와 몽골어는 같다?

한국어와 몽골어가 같다고 생각하는 것은 오해이다. 한국어나 몽골어는 알타이어족 계통에 속하는 언어이다. 언어계통이론을 지지하는 사람들은 줄어들고 있지만 이 두 언어는 어순을 비롯해 비슷한 점이 많다고 생각하는 이들이 많다. 나도 처음에는 이 두 언어가 유사한 점이 많을 것이라 믿었다. 그러나 한국어를 배우고 연구할수록 나의 생각이 틀렸다는 것을 깨닫게 되었다. 지금은 학생들에게 '한국어와 몽골어는 어순 말고는 유사점이 거의 없다'고 가르치고 있다. 즉 주어 뒤에 서술어가 오는 순서가 같아서 한국어를 처음 접하면 그리 어렵게 느껴지지 않아 이런 오해를 갖게 된 것이다.

그러나 안일하게 생각하고 있다가 벽에 부딪히게 되면 엄청난 긴장이 초래된다. 가령, 한글을 쉽게 배웠다가 한문을 만났을 때나, 몽골어에는 거의 없는 존댓말과 반말을 접했을 때, 몽골어보다 수가 많은 조사와 어미가 있다는 것을 알게 되었을 때 그 부담감은 백배로 커진다. 뿐만 아니라 두 언어의 유사성을 믿다가 번역과 통역과정에서 여러 오류를 범하기도 한다.

그러나 이러한 오해에서 벗어날 수 있는 길이 있다. 이것은 바로 일반 언어학 지식과 모국어 및 외국어에 대한 지식과 감각이 있다면 두 언어의 유사성에서 비롯된 미로에서 벗어나 습득이 훨씬 수월해질 수 있다. 그렇다면 이와 같은 언어학 지식이나 외국어 경험이 없는 사람은 과연 어떻게 해야 할까? 바로 처음부터 새로 배우는 마음으로 접근하라는 것이다. 몽골인들은 외국어에 소질이 있다고들 하지만 이 말이 모든 사람에게 해당되는 것은 아니기 때문에 끊임없이 노력하는 사람만이 한국어를 성공적으로 배울 수 있다.

신앙이 같다?

한국인들이 신앙심이 강하다는 것은 주지의 사실이다. 그 중에서도 기독교와 불교 신자가 가장 많다고 생각된다. 최근에 몽골과 한국의 무당들간의 교류도 활발해지고 있고 왕래도 잦아지고 있다. 그러나 내가 한국의 고전극 '춘향전'을 몽골어로 번역하면서 양국의 정신문화의 가장 큰 차이점이 '유교사상'에 있다는 것을 새삼 깨달았다. 13세기부터 유교의 '사서삼경'을 몽골어로 번역했다는 기록이 있음에도 불구하고 유교사상이 한국처럼 보급되어 정신문화의 일환으로 침투되지는 않았다. 춘향전을 번역할 당시 여러 가지 표현과 인명, 지명, 풍습을 번역하기 위해 중국어 자료를 활용했던 것이 생각난다.

수백 년 동안 한국의 국가관의 정립과 교류에 유교사상이 중요한 역할을 해왔다면 몽골은 인도와 티벳을 거쳐 들어온 라마교의 영향을 받게 되어 한국과 몽골인들의 신앙과 정신문화에 차이가 생긴 것으로 보인다. 가령 몽골과 한국의 장례풍습을 비교해 볼 때 그 차이는 크게 두드러진다. 한국에서는 상을 당하면 곡을 하고 성묘를 하는 풍습이 있는 반면, 몽골은 고인을 위해 크게 곡하거나 3년동안 성묘를 가는 것을 꺼리는 풍습이 있다. 그리고 어른을 공경하는 관습인 '장유유서'라는 관습은 몽골인들에게도 친근감을 주지만 '부부유별'은 낯설어한다.

한국을 찾는 몽골의 젊은이들에게

몽골인들이 한국을 찾는 동기는 무엇일까? 최근의 한 설문조사에 의하면 문화탐방, 건강검진, 쇼핑, 유학 등의 동기가 주류를 이루고 있는 데 비해 일할 목적으로 한국에 체류하려는 동기는 점차 감소되고 있는 것으로 나타났다. 즉 문화적 욕구를 충족시키고자하는 동기가 점점 더 우위를 점하고 있는 추세다. 유학을 희망하는 사람들이 늘어나고 있음을 감안하여 유학에 관련된 몇 가지를 몽골의 젊은이들에 조언해주고 싶다.

첫째, 책과 가까이 하라. '책은 최고의 재산'이라는 말이 있다. 한국에 가면 흔히 볼 수 있는 장소가 바로 서점과 대학교 도서관이다. 유학을 희망하는 사람은 책과 가까이 지내는 습관을 기르고 이를 위해 투자하는 것이 필요하다. 한국은 비교적 학술서적, 외국 원서의 공급이 잘되어 있어 마음만 먹으면 필요한 자료를 구하는 것은 어렵지 않다. 문제는 몽골과의 비교연구를 하려고 할 때 몽골자료가 없다는 것이다.

유학이 끝나고 귀국할 때 그 귀중한 책들을 다시 가지도 돌아오는 것도 큰 문제이다. 버릴 수도 없고, 그렇다고 가지고 오자니 비용이 엄청나 고민이 되는 경우가 있다. 책을 가까이 하고자 한다면 구입한 책들을 모두 가지고 돌아오면 개인이나 필요한 곳에 큰 재산이 될 것이다.

둘째는 타지에서 사는 법을 배우라는 것이다. 21세기에 살고 있는 몽골인들이 세계의 발전추세를 따라 갈 수 있도록 교육받고 개발되는 데에는 한국의 역할이 컸다. 몽골외교안보규정문에 '제3의 이웃국가'의 하나로 한국을 언급하고 있다는 점은 그 의미가 크다고 할 수 있다. 만약 한국유학길에 들어섰다면 방에만 처박혀 있지 말고 필요한 정보를 얻기 위해 밖으로 나가야 한다. 한국에서의 생활이 성공하느냐는 아니면 실패하느냐는 자신의 노력에 달려있으므로 더 더욱 열심히 노력하지 않으면 안된다. 몽골 속담에도 '움직이면 들어오는 것이 있고, 가만히 있으면 나가는 것이 있다' 말이 있다.

자신이 뜻하는 바를 이루기 위해서는 유학목표를 잘 세우는 것이 중요하다. 한국에 공부하러 온 몽골학생들의 가장 큰 어려움은 매학기 제출해야하는 수많은 과제와 논문주제를 잡지 못해 쩔쩔 매는 것, 시간을 효율적으로 쪼개 쓰지 못해 제때 과제물을 제출하지 못하는 등 철저한 개인생활관리의 미흡에서 비롯되는 문제가 대부분이다.

나의 경우는 대한민국에 가서 박사학위 취득을 목표로 5년의 기간을 정하고 갔기에 처음부터 이러한 목표에 몰두할 수 있었다. 2000년 까지만 하더라도 몽골국내에는 한국어 교육학 박사과정을 지도할 전공지도교수가 없었기에 한국에 가서 한국교수의 지도를 희망했었다. 한국의 교수들의 70-80%가 미국이나 유럽에 유학하고 학위를 받았기 때문에 수준 높은 교육을 받을 수 있다는 점이 좋았다.

가족과 함께 갈 수 있었기에 한국의 유치원을 비롯한 학교교육 전반의 제도를 경험할 수 있었고 남편이 양국을 오가며 사업을 했던 관계로 비즈니스의 어려움도 잘 알 수 있었다. 몽골의 기업인들에 물건을 구입하는데 있어서 결단력이 부족하다든가,

주문한 제품을 찾아가지 않는다든가, 파트너십이 약하고 거래처를 여러 군데 두어 신뢰를 잃는 실수를 하는 것도 알았다. 한국에 가기만 하면 모든 일이 어려움없이 잘 될 것이라는 막연한 기대는 금물이다. 철저한 사전준비와 개인의 생활력, 그리고 성취력을 길러야만 뜻하는 바를 이룰 수 있다.

셋째, 한 번 정든 곳은 좋아지게 된다. 인생을 살면서 공부하는 시간보다 일할 시간이 더 많이 주어지는 것같다. 공부하는 시간에 공부하지 않으면 다시는 공부할 기회가 오지 않는다는 것을 여러 번 보았다. 급속히 변화하는 사회의 변화를 따라가기 위해서는 배우고 또 배워야 한다. 그런 의미에서 평생교육이라는 말이 나왔을 것이다.

내 생각에는 해외에서의 유학에 제일 적절한 나이는 20세에서 30세까지로 보이며 조금 더 늦어도 40대 이전이어야 한다고 생각한다. 체류기간으로 볼 때 길게는 10년, 짧게는 3년정도의 생활이 적절한 듯하다. 그 외의 시간은 정치와 경제, 신체와 정신적인 자유를 누릴 수 있는 곳에서 지내야 한다고 생각한다. 내가 한국에서 5년간 유학할 때 여러 훌륭한 교수님들과 친구들의 도움으로 많은 것을 배웠고 추억도 많이 만들었다.

5년 후 박사 학위를 취득했을 때 친구들이 "한국 영주권을 취득하라" 고들 했다. 한국의 음식과 기후에 이미 적응되었고, 집과 일자리도 어렵지 않게 얻을 수 있게 되었으니 우리 가족이 한국 국민으로 살 수도 있었기에 영주권 취득을 생각해 보았다. 뿐만 아니라 영주권 취득에 필요한 3천만 원의 은행 잔고도 준비되어 있었다. 그렇지만 "내가 꼭 여기서 살아야만 하는가?"라는 질문을 끊임없이 내 자신에게 던져보았고 수많은 밤을 세워 고민한 후 몽골에 돌아가기로 결심했다. 그 때 내가 돌아가야겠다고 결정을 하는데 영향을 준 결정적 요인이 무엇이었는지는 아직도 잘 모르고 있다. 그러나 이 결정을 의심하거나 후회해 본 적은 없다.

몽골과 한국이 더욱 가까워지는 날을 기대하며

수교이래 20년이 동안 몽골과 한국의 양국 국민들이 서로 알아가는 시간들이었다고 한다면 앞으로의 20~30년은 상호보완책을 찾고 우호적인 협력을 확대시켜 나가야 하는 시기이다. 우리 몽골사람들은 그 전에도 그랬듯이 남한과 북한의 통일을 기원한다. 이를 위해 우리 모두가 최선을 다할 준비도 마음도 있다. 더 나아가 몽골과 몽골의 국민들은 지역발전에 건설적인 역할을 통한 기여를 원하고 있다. 몽골과 한국의 양국정상이 서로 만났을 때 서로의 결점을 보완하고 부족한 점을 채워줄 수 있는 점이 분명이 있다고 언급했다. 한국의 발전된 기술과 경제성장의 경험이 분명히 몽골의 풍부한 자원과 발전의지와 결합할 수 있을 것이라는 점에 대해 양국의 정상뿐만 아니라 국민들이 서로 공감하고 있기 때문이다.

무엇보다도 중요한 것은 서로의 부족한 점을 어떻게 채워나갈 것이며, 어떻게 협력해야 하는지 그 해법들을 하루 속히 찾아야 한다는 것이다. 다가올 10년, 20년은 양국의 국민들이 그 방법을 제시해 줄 통로를 찾는 기간이 되어야 한다. 시간은 우리를 기다려주지 않기 때문이다.

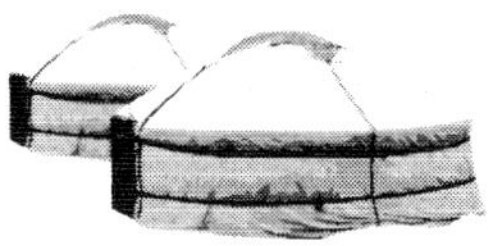

9장
맺는 말

금희연 (서울시립대학교)

영국의 BBC가 수 년전 '세계의 야만인들Barbarians'라는 시리즈물을 기획하여 방송한 적이 있다. 여기에는 '고트족', '훈족', '바이킹'과 더불어 '몽골'이 포함되어 있다. 몽골을 두렵고 무자비한 침략의 주인공이 아닌 전술과 전략이 뛰어난 정복자이자 지배자로 묘사하고는 있지만 여전히 이들 이민족을 자신들 보다는 야만적이고 낙후된 존재로 보고 있는 것은 사실이다. 영어로 '바바릭barbaric'에서 온 '바바리안Barbarian'이라는 말도 사실은 문명수준이 낮은 사람을 일컫는 데서 비롯되었다. 실제로 그리스 시대에는 아테네에 오고 가는 내외국인을 막론하고 그리스 말을 못하는 사람을 바바리안이라 불렀다고 한다. '그리스 로마 영웅열전'을 쓴 이윤기는 좀 다른 얘기를 한다. 그리스 본토 사람들이 알렉산더 대왕의 고향인 마케도니아인들이 무슨 일만 있으면 궁시렁거리는 사람이라고 부르는 '바르바로이Barbaroi'에 연유하고 있다고 한다. 어쨌거나 체제에 불만을 가지고 있는 부류의 사람을 일컫든, 아니면 기존의 질서와 제도를 제대로 이해하지 못하는 수준 낮은 종족들을 이르는 말이든 간에 몽골은 유럽인들에게 '뒤떨어진' 민족으로 보여 진 것은 분명하다.

다운증후군을 '몽골리안Mongolian'이라 명명한 서구의 시각이나 우매하고 모자란다고 생각했던 중국의 모습에서 오히려 몽골의 힘과 위력이 너무도 두려웠기 때문이었을까, 아니면 미개한 후진국에게 유린당한 자기들의 모습이 너무도 비참했기에 침략행위의 잔인성과 후진성만을 부각시킬 필요를 느꼈었던 것은 아닐까? 이처럼 몽골이 지배했던 나라이든 몽골을 지배했던 나라이든 각 나라마다 몽골에 대한 평가는 서로 다를 수밖에 없다. 그러나 몽골세국의 출현과 지배는 인류문명사에 거대한 변화를 가져왔다. 동서간의 문화, 문명적 장벽이 와해되고 인적, 물적 교류는 비약적으로 확대되었다. 역참제라는 독특한 네트워크가 교역로를 거미줄처럼 연결시켜 신속성과 정확성, 이동성을 확보해주었다. 오늘날의 네트워크인 광케이블을 지상에 구축한 몽골인들의 통신기술에 대한 지식과 수준을 높이 살만하다.

몽골제국은 지구상에 존재했던 가장 넓은 영역과 영토, 그리고 가장 큰 세력권을 가진 대제국이었다. 중앙아시아의 대부분과 중국, 한국, 오늘날의 이란, 이라크, 아프가니스탄, 우크라이나와 헝가리를 포함하는 지역이 몽골의 영토였고 동양에서 유럽을 잇는 중세 교역로의 대부분이 몽골을 거쳐 갔다. 몽골이라는 제국의 건설에서 확대, 멸망까지 이르는 역사속에서 제국의 흥망성쇠가 동서양은 물론 세계사를 가르는 획기적인 분기점이었던 사실은 부인하기 어렵다. 몽골제국 이전에 분리되어 존재했던 동양과 서양이 연결됨으로써 자신만이 중심이요 자신의 문명과 문화가 우월하다는 편협한 세계관이 흐트러져 새로운 모습으로 재정비된 것도 몽골의 덕분이 아닐까? 자국중심, 자기지역중심의 문명사, 문화사가 지역주의의 틀에서 벗어나게 한 것도 야만인으로 폄하했던 몽골이었다.

1990년 한국과의 수교 이래 '포괄적 동반자관계'로 진입한 몽골은 다음과 같은 몇 가지 요소에서 중요성과 필요성을 동시에 보여주고 있다. 첫째는 전략적 이익의 극대화의 대상으로서의 몽골이다. 대륙과 해양세력의 완충지로서의 역할과 중요성이 증대되고 있는 몽골은 최근 중국과 러시아에 의존하는 태생적 의존에서 탈피함과 동시에 미국, 일본, 유럽과 균형적인 전략적 틀 속에서 관계를 재정립하려는 정책을 추진하고 있다. 정서적으로, 문화적으로, 지리적으로, 전략적으로 가까운 몽골과 한국은 공동발전과 성장의 동반자이자 전략과 안보의 파트너로 재등장하고 있는 시점에서 양국의 협력의 필요성과 중요성은 더욱 더 증대되고 있다. 몽골의 지정학적, 전략적 가치와 자원은 동북아평화체제의 구축과 에너지와 자원의 협력구조를 구축함으로써 중국과 러시아주도의 동북아질서를 재편하는 데 건설적이고 실리적 지분을 확대할 수 있을 것으로 본다.

한국은 몽골의 외교적 후원자로서, 또한 지원자로서의 역할을 담당할 수 있다. 넓은 영토임에도 불구하고 적은 인구는 몽골의 약점이자 단점이지만 지정학적 위치로 보나 잠재력 측면에서 몽골은 단연 전략, 자원, 경제적 이익을 나눌 수 있는 파트너임이 분명하다. 중국과 러시아의 입김이 강하게 작용하고 있는 지역내의 역학구조를 바꿀 수 있는 균형자로서의 역할을 담당하려면 몽골과의 교류와 협력관계를 한 층 더 업그레이드 시켜야만 할 것이다.

둘째는 경제적 동반자로서의 몽골이다. 체제전환의 후유증과 혼란 속에서도 몽골은 가격자유화, 시장개혁 등의 제도개혁과 정책추진으로 자본주의로 점진적이면서도 안정적으로 전환하고 있는 성공적인 국가로 발돋움하고 있다. 한국은 대몽골교역에서 2억6천만 달러의 흑자를 얻고 있으며 몽골의 경제성장과 발전이 한국경제에 긍정적 역할을 할 것이라는 전망은 몽골의 광업, 목축업, 건설업, 관광산업의 급속한 성장잠재력에 기

초하고 있다. 중진국 진입이 어느 국가보다도 빠를 것으로 예측되는 몽골의 장밋빛 경제성장은 제3의 파트너를 찾으려는 몽골은 '대륙속의 섬'으로서의 지리적 한계를 극복하려는 몽골의 적극성은 한국식 발전모델을 수출할 수 있는 호재로 활용될 수 있다. 상호보완성을 높이는 것은 교류와 투자, 그리고 공동발전이라는 목표와 전략을 공유하는 일이다. 지리적으로도 몽골은 아시아와 유럽을 잇는 유라시아대륙의 중심에 위치한다. 최근 동아시아의 정치경제를 비롯한 국제질서가 재편되고 있는 상황에서 자원개발의 파트너이자 교역대상으로서, 인적, 물자의 수송과 교통과 교역의 통로로서도 가치가 높을 뿐 아니라 지리경제적 측면, 즉 '지경학地經學, Geo-economics'적 측면에서도 유럽과 중앙아시아로 진출하는데 필요한 전진기지를 구축하는데 더 없이 적합한 나라다.

셋째는 문화적 교류의 대상으로서의 몽골이다. 700년전 한류의 전형이라 할 '고려양'과 '몽골풍'이라 불리웠던 몽골의 습속과 문화들이 한반도로 건너오면서 양국은 혼인, 장례, 복식과 일상생활에 깊고 얕은 교류를 수 백년간 지속해왔다. 이제 양국은 지배와 봉족이 아닌 평등과 공동번영이라는 명제에서 거듭나고 있다. 새로운 이름의 '한류'와, 700년 전의 '몽고'가 아닌 '몽골'이 우리를 불러들이고 있다. 상이한 문화와 전통을 지닌 양국이 자연스레 상대의 문화를 수용하고 지속한 것처럼 이제 양국이 다시 조우하고 있다. 지금 한국에는 3만명이 넘는 몽골인이 거주하고 있다. 몽골의 노동자에게 기회를 주는 나라는 많지 않다. 한국의 높은 교육열이 입신양명과 부국의 원천이라 여기고 있는 몽골의 젊은이들은 코리언드림을 위해 한국으로 몰려들고 있고 3천명이 넘는 유학생을 포함하여 3만명이 넘는 몽골인이 우리의 이웃으로 살아가고 있다. 선진국에서 공부한 인재들이 돌아와 우리의 경제와 사회를 발전시켜 시장경제와 민주화를 동시에 성취했던 우리의 경험에서 보듯이 3천명의 유학생도 한국의 경험과 전략을 배워 몽골을 발전시킬 것이다. 이들이 미래의 '친한파'로서 제 몫을 할 수 있는 좀 더 크고 따뜻한 배려가 필요하다.

넷째는 미래의 동반자로서의 몽골이다. 노도와 같이 불어 닥친 민주화와 시장경제체도입이라는 개혁과 개방을 물결을 타고 몽골은 과거에서 벗어난 독자적이고 자주적이면서도 실용적인 대외정책인 '제3의 이웃'전략을 구사하고 한국이 새로운 전략적 파트너로 등장한다. 수년전 일부 학자들에 의해 제기된 '한-몽 국가연합론'이나 '동북아 공동체구상'과 같은 논의의 배경에는 몽골과 한국이 안보와 생존, 발전과 성장, 안정과 평화에 관한 이해와 필요를 공유하고 있다는 것도 고무적이다. 특히 역사적으로 양국은 중국, 러시아, 일본 등 인접 강대국으로부터 끊임없이 안보상의 위협을 받아왔다. 그러나 한국과 몽골이 영토적 야심이나 전략적 이해관계로 갈등을 일으킨 적은 한 번도 없다. 실제로 조선왕조실록에 기록된 사신의 보고서에 몽골병사들이 명의 주원장의 공격으로 요동반도에서 힘겨운 싸움을 하고 있을 때 현지에 거주하는 고려인들을 '동족'이라하여 해치지 않았다는 대목이 나온다. 뿐만 아니라 양국은 인족, 역사, 문화적으로 유사한 점이 많다.

특히 향후 20~30년이라는 기간 동안 공동목표를 설정하고 달성하기 위한 외교관계의 격상이 필요하다. 여기에는 인적, 물적 교류에 장애를 제거하는 조치가 포함된다. 비자협정을 통해 인력의 왕래를 더욱 자유롭게 하고, 자본과 기술을 통한 몽골사회의 발전을 지원하고 정치적, 군사적 측면에서의 교류를 확대할 경우 한국과 몽골이 남북한과 같은 '특수한 관계'에 의해 한층 더 발전할 수 있을 것이다.

몽골 또한 순결을 나타내는 흰색을 좋아하고 선진국다운 면모와 삶의 질, 짧은 기간에 민주주의와 시장경제를 성공적으로 달성한 역동적인 나라로서의 한국의 경험과 발전모델을 부러워하고 있다. 문화적 이질감도 크지 않으면서 몽골과의 역사적 관련성때문에서도 양국관계는 긍정적인 방향으로 흘러가고 있음이 감지된다. 몽골이 체제전환이후 가장 먼저 외교관계를 수립한 나라가 한국이다. 몽골에게 아직 우리는 우호적인 국가로 인식되지만 언제 어떻게 등을 돌릴 지 모른다. 유목문화를 지녀온 몽골인들에게 영원한 친구는 없다는 것도 국제정치의 냉엄함과 유사하다. 실익을 가져다 주지 않으면 교류는 중단되거나 감소된다. 미약한 군사력, 낮은 경제력은 오히려 우리에게 몽골의 발전에 보다 적극적인 후원자로서, 파트너로서 참여할 수 있는 여지를 부여한다. 실익을 주는 방법은 적지 않다. 낙후된 사회간접시설의 재건과 도시재개발, 환경과 보건의료, 삼림보호와 사막화 방지 손꼽을 수 없이 많은 부분에서 가까운 이웃으로 등장한 한국이 보다 적극적으로 참여함으로써 몽골에서의 이익을 선점할 수 있다.

다섯째는 몽골의 체제전환이 전체주의 북한에 시사하는 함의를 살펴볼 필요가 있다. 강력한 통제메카니즘을 통해 체제의 안정을 유지하고 있는 북한에는 몽골의 사례와는 달리 사회적 저항세력의 존재와 결집을 가능하게 하는 네트워크가 존재하지 않고 있다. 그러나 공공영역이 제대로 가동되지 않거나 새로운 형태의 경제가 출현하여 확대될 경우 국가에 의한 계획경제와 통제경제는 붕괴되고 만다. 허만호 교수의 주장처럼 몽골의 시도자들이 물리적 강제력을 통한 지배와 통제에서 탈피해 사회영역을 확대하는 사회통합을 이루는 데에 성공했다는 점도 향후 북한의 변혁과 변화에 적용될 수 있는 방안이 될 수도 있을 것으로 보인다.

몽골에게 한국은 과연 무엇이며 몽골의 미래에 한국은 어떠한 존재로 나타나게 될 것인가? 우선 한국은 몽골에게 '선한 우방good neighbor'이 될 수 있는 나라 중의 하나다. 지리적으로도 국경을 맞대고 있지도 않고 양국이 영토적 야심이나 국경분쟁과 같은 분쟁의 소지나 여지도 없다. 원한이나 역사적 앙금이 남아 있는 것도 아니다. 마치 터키 사람들이 한국을 좋아하는 것과 같이 몽골사람도 한국과 한국사람을 좋아하고 위협이나 두려움, 거부감을 느끼지 않는 형제의 나라라고 생각하고 있다. 한국인들의 몽골사랑은 강하다. 종족과 문화, 역사와 전통에 원초적으로 깊이 연결되어 있다고 믿는 한국인들은 '친척'이나 '동향'과 같은 동질감이 몽골이라는 국가와 국민들에게 투영된다. 역사적이고 문화적인 측면에서의 '향수'를 느끼는 한국이 700여 년을 이어온 우의를 지속시킬 수 있을 것이라 확신한다.

둘째, 한국은 몽골의 '유익한 동반자advantageous partner'로써 존재한다. 몽골과 한국의 교류는 공공부문과 민간부문이 균형적으로 이루어 지고 있어 향후 양국관계가 이러한 두 가지 경로를 통해 강화되고 발전될 수 있다는 것도 유리한 점으로 작용한다. 한국에서 일하는 근로자나 기업인들, 그리고 대외교역에 종사하는 몽골인들이 국가경제에 기여하는 비중은 점차 확대되고 있다. 정부간의 자원개발사업이 확대되면 될수록 민간부문에서의 규모는 더욱 확대될 것이다. 정부간의 교류도 필요하지만 몽골이 현재 경험하고 있는 취약성, 즉 대외의존형 경제, 짧은 시장경제경험, 유목사회적 유산과 전통 등에서 탈피하기 위해서 한국기업의 선진경영기법과 기술개발 및 연구, 시민사회의 역할 등에서 해답을 찾을 수도 있을 것이다.

셋째, 몽골에게 있어서 한국은 '롤 모델role model'로써 다가간다. 한국의 대중문화는 차치하고서라도 한국에서 꿈을 이루려는 젊은이들에게 한국은 단연코 기회의 땅이다. 단순노동력을 필요로 하는 제조업뿐만 아니라 한국은 현재 '인재난', '인력난'의 늪에 빠져 있다. 대학의 연구실과 기초과학과 기술분야에 몽골의 젊은 학생들이 실력과 능력을 키울 수 있는 여지는 충분하다. 한국이 단시간에 민주주의와 시장경제를 이룩한 것은 높은 교육열과 인재의 육성에 있었음은 주지의 사실이다. 적은 인구의 몽골의 발전은 우수한 인재들이 귀국해서 만드는 것이다. 차세대 리더들을 키우고 육성함으로써 몽골과 한국은 효율적이고 미래 지향적인 이해와 협력의 틀을 더욱 공고화할 수 있을 것이다.

넷째, 몽골에게 한국은 '전략적 동반자strategic partner'로 인식할 필요가 있다. 몽골의 풍부한 지하자원은 분명 훌륭한 자원이요 부의 원천이 될 수도 있다. 그러나 역사를 돌이켜 보면 지하자원이나 원자재가 풍부한 나라가 성공하거나 발전한 적은 거의 없다. 오히려 자원을 확보하고 개발한 국가들이 더 빨리 부를 만들었다. 부는 캐는 것이 아니라 만드는 것임을 한국이 보여주고 있다. 세계의 중심은 대서양에서 태평양으로 옮겨오고 있고 그 중에서도 동북아시아로 발전과 성장의 중추적이며 핵심적인 역할을 하는 지역으로 떠 오르고 있다. 일본에서 남한을 거친 인적 물적 재화와 용역은 북한, 러시아를 통해 유럽으로 향하고 있고, 또 한 축으로는 남한에서 중국과 몽골을 거쳐 유럽으로 향하고 있다. 시베리아 개발, 가스와 석유 등의 자원개발에 동북아시아의 경제강국들이 숨가쁜 전쟁 아닌 전쟁을 벌이고 있다. 이 거대한 사업에 동참하는 것에 몽골의 미래가 걸려있다. 긴밀한 한국과의 협력관계와 상호신뢰를 바탕으로 다져온 한국과의 동반발전과 공동번영은 선택이 아니라 필수라는 생각이 든다.

수 세기간 단절되었던 한국과 몽골의 관계를 재조명하고 역사성과 문명사적 의미를 도출해내는 것은 분명 어려운 일이다. 지배와 복종이라는 상하관계로 특징지어지는 몽골-고려와의 관계는 700여년이 지난 지금에 와서는 독립과 평등을 기초로 하는 대등한 관계로 바뀌었다. 시간적 단절과 공간적 거리감은 이제 새로운 양국관계의 정립이라는 명제하에서 '상호존중, 공동번영, 신뢰호혜相互尊重、共同繁榮, 信賴互惠'라는 상호보완적인 신뢰와 성실의 관계의 틀 속에서 해소되고 있다.

그러나 마냥 몽골이 '아무렇게 해도 되는 친구'인 것만은 아니다. 최근 한국에서 일하고 몽골로 돌아간 근로자들의 반한 감정은 비록 소수이긴 하지만 그다지 긍정적인 것은 아니다. 뿐만 아니라 몽골은 '두개의 한국'정책을 통해 한반도에서의 유리한 전략적 이익을 챙기려하고 있다. 실제로 몽골은 한국전쟁당시 전쟁고아 197명을 데리고 가서 유치원과 초등학교에서 교육시킨 뒤 북한으로 돌려보내 주었으며 상당량 구호품과 원조품을 제공했다. 기록에 의하면 4만392 필의 말, 9094 두의 소, 7만9965 마리의 양와 염소, 1만7462 벌의 모피, 4500 벌의 두꺼운 외투, 1만 켤레의 가죽부츠, 5만 장의 양 가죽, 2248 톤의 육류, 30 톤의 버터, 65 톤의 지방질, 26만5000 리터의 알코올 등을 제공했다.

이렇듯 체제와 이념상의 친구인 북한과는 쉽게 끊어지지 않는 '맹방'으로서의 심정적 유대감을 가지고 있다. 최근 다량의 북한의 근로인력을 통해 광산과 건설에서 필요한 인력을 보충하려는 몽골의 태도에서 이러한 '등거리 외교'정책이 감지된다. 과거의 사회주의의 유산을 완전히 탈피하지 못한 몽골에게 여전히 북한도 '친한 친구'인 셈이다. 몽골에 대한 환상이나 지나친 기대는 금물이다. 전략적 파트너가 될 수도 있지만 '전략적'이라는 말에는 '이해다산'과 '가변성'이라는 요소가 존재한다. 한국과 몽골은 포괄적이고 구체적인 '한몽공동체' 구상에 적극 나서야 할 때가 왔다. 단순한 전략적 파트너십을 넘어 물자, 인력, 자본, 기술의 이동이 자유롭게 되는 한 단계 더 높은 전략적 공동체, 경제적 공동체, 문화적 공동체를 구축하는 것도 고려해 볼 필요가 있다. 이를 위해 우리가 해야 할 일은 너무도 많다.

필자약력

금희연

연세대학교 정치외교학과
대만 국립정치대학 외교연구소 석사
미국 Miami University 정치학과 정치학 박사
서울시립대학교 국제관계학과 교수

서동주

연세대학교 정치외교학과
연세대학교 정치학과 정치학 석사
연세대학교 정치학과 정치학 박사
현재 국가안보전략연구소 책임연구위원

김기선

한국외국어대학교 불어불문학과
몽골 어학, 몽골아카데미 사회과학원 박사
한국몽골학회 총무이사
단국대학교 몽골연구소 연구교수

김장구

동국대학교 사학과
동국대학교 사학과 석사
몽골국립대학 사학과 역사학 박사
(사) 중앙아시아학회 총무이사
동국대학교 동아시아문화연구소 연구교수

바트투르Battur Jargal

몽골국립대학교
서울대학교 정치외교학과 석사
몽골국립대학교 사학과 박사
몽골국립대학교 외교학원 국제관계학과 교수
한국대학 졸업생협회 이사

김홍진

고려대학교 경제학과
고려대학교 경제학과 경제학 석사
고려대학교 경제학과 경제학 박사
한국몽골학회 부회장
순천향대학교 경제금융학과 교수

허만호

연세대학교 정치외교학과
프랑스 사회과학고등연구원 정치사회학
DEA 및 신제도 박사
한국국방연구원KIDA 선임연구원
경북대학교 정치외교학과 교수, 평화문제연구소장

사인빌렉트Sainbilegt Dashdorj

몽골국립대학교 국제관계대학 한국학과
몽골국립대학교 국제관계대학 어학 석사
서울대학교 국어교육과 교육학 박사
현재 몽골국립대학교 한국학과 교수 겸 외국어문화대학 부학장
몽골국립대학교 세종학당 학장